Harald Bongart

Des Eifelers subversives Wörterbuch

Harald Bongart ist Eifeler von Geburt und aus Überzeugung. Er lebt und arbeitet in Bad Münstereifel. Gerne erforscht er den Alltag in Spätmittelalter und Frühneuzeit anhand von Quellen der regionalen Archive, worüber er zahlreiche Aufsätze veröffentlichte. Daneben schreibt er Kurzgeschichten von Krimi bis Grusel. Noch lieber aber sammelt er belgische Biere.

Harald Bongart

Des Eifelers subversives Wörterbuch

KBV EDITION EYFALIA

Originalausgabe

www.kbv-verlag.de
E-Mail: info@kbv-verlag.de
Telefon: 0 65 93 - 99 86 68
Fax: 0 65 93 - 99 87 01
Illustrationen: Janosch Hübler
Redaktion, Satz: Volker Maria Neumann, Köln
Druck: GEmediaprint, Eupen
www.gemediaprint.com
Printed in Belgium
ISBN 978-3-940077-45-5

»Auch das reine Kaufen, ohne die Absicht zu lesen,
ist durchaus ehrenwert.«

Gottfried Honnefelder

Angus Dei
a+b=c

A1 – Eifelautobahn. Wird nach Einschätzung der Eifeler erst fertig gebaut, nachdem die *Titanic* New York erreicht hat.

Aberglaube – Grundierung des Eifelers unter dem Lack des Katholizismus.

Abt – Ein Geistlicher, der sich prinzipiell als »Vater« titulieren lässt – ausgenommen seine leiblichen Kinder, die ihn mit »Onkel« anreden müssen.

Abrissbirne – Sternzeichen des Baumaschinenhoroskops. Der Abrissbirne entsprechen die Wassermann-Geborenen des abendländischen Zodiaks.

Aldi-Sierung – Zerstörung eines gewachsenen Stadtbilds durch ungehemmte Ansiedlung von Billigläden (vgl. »Altenahrisierung«).

Algebra – BH für einen Meereseinzeller.

»Alles muss raus!« – Ein Slogan, den man lieber als Kunde beim Einzelhandel hört, denn als Patient beim Zahnarzt.

Alkohol – Wichtiger Bestandteil des Grundnahrungsmittels Bier. Ein Mangel an Alkohol erzeugt einen Zustand, der der Realität verdächtig nahe kommt.

Alkoholvergiftung – Lässt sich u. a. dadurch vermeiden,

dass man keinen vergifteten Alkohol trinkt.

Altenahr – Einst Stammsitz der Grafen von Are. Heute hoffnungslos von Touristen überlaufene Stadt an der Ahr.

Altenahrisierung – Skrupellose Umstellung eines gesamten Stadtbilds auf Tagestourismus. Vorstufe zur »Aldi-Sierung«.

Altersstarrsinn – Lebenseinstellung des Eifel-Seniors (vgl. »Seniorenunion«).

Ameisen – Unvermeidbares Untensil jedes Eifeler Picknicks.

Amethyst – Edelstein. Der aus dem griechischen stammende Name bedeutet wörtlich: »Nicht trunken.« Dahinter verbirgt sich die Vorstellung, dass der Stein seinen Träger gegen Trunksucht und Trunkenheit schützt. Amethysten sollten mithin bei allen Anlässen Eifeler Brauchtumspflege, insonderheit Schützen- und Feuerwehrfesten, Kirmessen etc. in großer Stückzahl feilgeboten werden.

Ampel – Hat für den Eifeler Autofahrer drei Grünstufen: Apfelgrün, Orangengrün und Kirschgrün.

Amseln – Zwischen Amseln und Drosseln kann der Eifeler schwer unterscheiden. Tatsächlich gehört die Art Amsel zur Familie der Drosseln, weshalb jede Amsel eine Drossel, aber nicht jede Drossel eine Amsel ist. Auch macht es einen Unterschied, ob man sagt »Ich habe meine Frau eramselt« oder »Ich habe meine Frau erdrosselt«.

Amerikaner – Ignoranter Konsument kalter Dosengetränke, denen man die Bezeichnung Bier nur widerstrebend zubilligen mag.

Amerikanerin – Lässt sich auf Reisen leicht an der F-Ausstattung ausmachen: Fremdenführer, Fotoapparat und Flip-Flops.

Andersdenkender – Ein Mensch, dem man in der Eifel mit der Gelassenheit und der Toleranz eines Inquisitors entgegentritt.

Angelvereine – Gibt es in der Eifel nicht, weil der Ur-Eifeler immer noch mit Karbid fischt.

Anglistik – Germanistik für Engländer.

Angus Dei – Gäbe es statt des *Agnus Dei,* wenn die Israeliten statt Schafen Rinder gezüchtet hätten.

Apachen – Wörtl.: Feinde. Synonym für Finanzbeamte.

Aprikosenriemchen – Gehören zusammen mit dem legendären Griesmehlfladen zur Standardausstattung jeder Eifeler Beerdigungskaffeetafel.

April, 17. – Der inoffizielle Festtag der Black-Jack-Spieler: 17

und 4.

Argwohn – Die Einstellung, mit der der Eifeler allem Neuen begegnet (vgl. »Neugier, krankhafte«).

Ärmelkanal – Schützte früher die Briten vor dem Kontinent (vgl. »Tunnel«).

Arschgeweih – Eine gerade von eingefleischten Jägern wenig geschätzte Trophäe.

Arthrosepatienten – Nicht mehr jung, aber immer noch knackig.

Arzt – Ein seltsamer Heiliger, der dich auffordert, viel zu trinken, dir aber gleichzeitig den Alkohol verbietet.

Atheist – Jemand, der nur glaubt, was er auch versteht – mit anderen Worten: Eine bedauernswerte Kreatur.

Auslaufmodell – Inkontinentes Mannequin.

Auto – Nahezu unverzichtbares Fortbewegungsmittel (vgl. »Öffentliche Verkehrsmittel«), in das der juvenile Eifeler so vernarrt ist, dass er sogar die fünfzig Meter zum nächsten Zigarettenautomaten darin zurücklegt. Hat als Statussymbol den Traktor abgelöst.

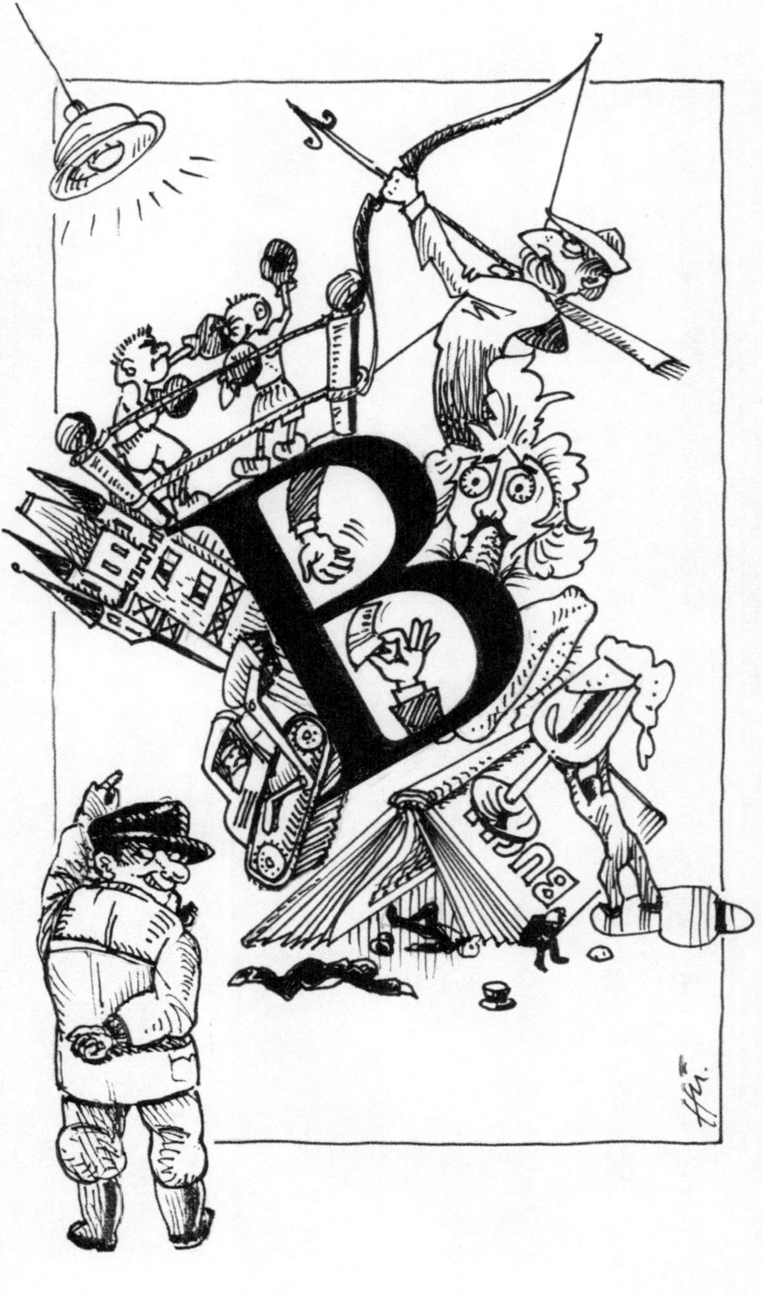
B
BUCH

Backfisch – Veraltet für Teenager. Backfischen begegnet man heute bestenfalls noch an Imbissbuden.

Bad Münstereifel – Ein Städtchen mit großer Vergangenheit und ungewisser Zukunft. Tourismuszentrum seit der im 9. Jahrhundert beginnenden Pilgerfahrt zu den Reliquien der Heiligen Chrysanthus und Daria, später kamen Donatus-Verehrer und Jakobus-Pilger, schließlich Kneipp-Kurgäste und andere Gesundheitsapostel, zuletzt Heino-Wallfahrer. Über den endgültigen Verbleib von dessen Reliquien ist übrigens noch nicht abschließend entschieden.

Bedichten könnte man Bad Münstereifel ungefähr so:

B-
ad
Mün-
stereifel

Kulturelles Erbe,
Handel und Gewerbe,
Fressen, Saufen, Huren,
Erholen, Kneippen, Kuren.

Berge, Bäche, Wälder, Täler,
Mauern, Türme, Kunstdenkmäler,
Kühle Biere – warme Worte,
Stephinskys Schnaps und Heinos Torte.

Baggerfahrt – Immer noch die schönste Möglichkeit, die Eifel kennenzulernen. Die »Baggerfahrt durch die Eifel« ist mittlerweile sogar auf dem Weg, fester Bestandteil touristischer Pauschalprogramme zu werden.

Bahnstreik – Eine ziemlich fruchtlose Veranstaltung, zumal man letztlich doch einen Kompromiss schließen muss. Besonders unglücklich ist der Hinweis auf streikbedingte Verspätungen und Zugausfälle. Diese werfen beim Bahnkunden die Frage auf, wieso es sie auch in Zeiten gibt, in denen bei der Bahn nicht gestreikt wird.

Barbara – Wörtl.: Die Stammlerin. Heilige mit Patronatstag 4. Dezember. U. a. Schutzpatronin der Bergleute, Architekten und in Ermangelung kanonisierter Kanoniere auch der Artilleristen.

Barrierefrei – Wird die Eifel nie werden. Die letzten unüberwindlichen Barrieren tragen die Eifeler in ihren Köpfen mit sich.

Bauernregeln – In Versform verpackte Wetter- und andere Lebensweisheiten, die verbindlich sind oder auch nicht. Wirklich zutreffend ist nur die folgende:

Kräht der Bauer auf dem Mist,
er dann meist betrunken ist.

Beamtenwindhund – Stromlinienförmigeres Wort für Schildkröte.

Beamtenwitwe – Eine Frau, die es geschafft hat (vgl. »Witwe«).

Beamter – Jemand, der nichts Anständiges gelernt, aber dennoch sein Auskommen hat.

Beerdigung – Anlass, sich maßlos zu betrinken (vgl. »Taufe«).

Beichte – Gelegenheit, einem katholischen Priester den Mund wässrig zu machen, mit Dingen, die man sich im wirklichen Leben nicht traut.

Beifahrer – Der notorische Besserwisser rechts neben dem Fahrer. Seine klassischen letzten Worte lauten: »Fahr schon, rechts ist frei!«

Bergfried – Phallussymbol mittelalterlicher Burgherren.

Bergheimer – Krankheit. Schlimmer noch als Alzheimer.

Besserwisser – Synonym für »Kölner«. (Vgl. ebd.)

Bestechlich – Aufgrund eines Amtes oder einer Funktion attraktiv für Zuwendungen dritter.

Beethoven, Ludwig van – Der Erfinder des Ta Da Da Da.

Betriebsausflug – Neben der Weihnachtsfeier einer der beiden jährlichen Höhepunkte im Berufsleben des Eifelers. Willkommener Anlass – zumindest befristet – der räumlichen Enge, dem Berufsalltag, der Ehe, den familiären Bindungen usw. zu entkommen. Am Ende eines Eifeler Betriebsausflugs steht immer ein kulturhistorisches Besäufnis.

Betrunken – Ist der Eifeler so lange nicht, wie er am Boden liegen kann, ohne sich festzuhalten (vgl. »Halbbetrunken«).

Bettbezüge – Geld, das ein Beamter im Schlaf verdient.

Beziehung – Gemeinschaft auf Zeit, die die Eifelerin aus Liebe eingeht mit dem Vorsatz, den Partner zu ändern, damit er dem Ideal ihres Traumpartners entspricht (vgl. »Beziehungsende«).

Beziehungsende – Ist erreicht, sobald die Eifelerin die Formung ihres Partners abgeschlossen hat. Er ist dann nicht mehr der Mann, in den sie sich verliebt hatte.

Bibel – In den früheren Jahren eine Art *Such und Find* für den Eifeler.

Bier – Trinkt man in der Eifel zum Vergnügen und nicht gegen den Durst.

Bierseligkeit – Form der Seligkeit, die man auf Erden schon erlangen kann.

Bild-Reporter – Ein Journalist, der bereit zu kriminellen Handlungen ist – angeblich, um kriminelle Handlungen dritter aufzudecken.

Bismarck – Früherer Reichskanzler. Seines Seehundgesichtes wegen halten ihn viele Eifeler für den Erfinder des gleichnamigen Herings.

Bit –
1. In Datenverarbeitung und Nachrichtentechnik verwendete Einheit für die Anzahl von Binärschritten.
2. In der Eifel Abkürzung für »Bitburger«, das meistgetrunkene Eifelbier nach Pilsener Brauart.
3. Autokennzeichen für den rheinland-pfälzischen Landkreis Bitburg-Prüm. Jeder Autofahrer wirbt damit indirekt für das heimische Bier – das gibt es nur in der Eifel.

Bitburger – Der beliebteste Burger der Eifel. Zubereitung: Ein Brötchen halbieren, eine Flasche Bitburger zwischen die Hälften legen, nach Belieben garnieren und anrichten. Verzehr: Die Flasche öffnen und genüsslich austrinken. Das Brötchen trocknen und später unter Zugabe von Hackfleisch, Ei, Zwiebeln und Gewürzen zu Frikadellen verarbeiten.

Bleigießen – Allgemein ein Brauch zu Silvester. In der Eifel betreibt man Bleigießen ganzjährig – immer dann, bevor man wildern geht.

»Blickpunkt« – Sonntagszeitung mit der größtmöglichen Anzahl von Druckfehlern. Muss man nicht abonnieren, kann man aber auch nicht abbestellen.

Bloggen – Möglichkeit, die Nichtigkeit des eigenen Daseins vor einem gleichfalls uninteressanten Publikum exhibitionistisch auszubreiten.

Blowjob – Ein Angebot, das nicht von der Arbeitsargentur vermittelt wird.

Blumenkohl – Beliebtes Gemüse in der Eifel. Für den Vertrieb von blumigem Kohl sind aber die Eifeler Politiker zuständig.

Bogenschießen – Schwieriger als Geradeausschießen.

Auf Wiesen bunte Pfeilchen sprießen,
Wo Schützen munter Bogen schießen.
Dies mag den Wanderer, der die Natur
Genießen will in Wald und Flur
Mitunter sehr verdrießen.
So lasst mit einem Rat mich schließen:
Nebst dem Hut kaschiert ein Zopf
Am besten noch den Pfeil im Kopf.

Bohnenhoroskop – Eines der Horoskope, die esoterische Eifeler ersonnen haben. Dem Sternkreiszeichen Stier entspricht z. B. nach dem Bohnenhoroskop die Gruppe der im Zeichen des Kaffee Geborenen. Hervorstechende Eigenschaft derselben ist ihre Abgebrühtheit.

Bollerwagen – Unverzichtbares Eifelutensil. Früher nutzte man ihn zum Transport von Lebensmitteln während des Krieges und in der Nachkriegszeit. Heute ziehen Väter zwecks Brauchtumspflege an Christi Himmelfahrt mit flüssigen Lebensmitteln auf ihm einher. Ein weiterer Beleg dafür, dass die Nachkriegszeit in der Eifel bis heute anhält.

Boonekamp – Getränk mit demoralisierender Wirkung. Zählt in Feuerwehrkreisen zur Gruppe der »gefährlichen Stoffe und Güter«.

Bonner – Einwohner einer Universitätsstadt, die durch aberwitzige Straßenführungen zerschossen wurde, mit dem Ergebnis, dass Regierung und Parlament letztlich doch nach Berlin umzogen.

Boxring – Von Tiefdruckgebieten unabhängige Zone mit häufigen, heftigen Niederschlägen.

Brauchtum – In der Eifel alles, was mit Sauferei zu tun hat.

Bremen – Immer noch besser als der Tod.

Buch – Macht kluch.

Bumsen – Können im Gegensatz zu Vögeln nicht fliegen.

Burgen – Gibt es in der Eifel dutzendweise, weil die politische Landkarte der Eifel früher einem Flickenteppich glich. Nach dem Grundsatz »Unterhaltung durch Unterhaltung« wurden in manchen Burgen Ritterspiele erdacht, die den romantischen Vorstellungen verpflichtet sind, welche das 19. Jahrhundert vom Mittelalter hatte. In besonders schweren Fällen werden diese Ritterspiele sogar zum Exportschlager aufgebauscht.

Burg Eltz – Das vermutlich bekannteste Eifeler Beispiel für »Bauen im Außenbereich«.

Bürger, mündiger – Ein Mensch, der sich seines eigenen Verstandes ohne Anleitung, insbesondere ohne Anleitung durch die Obrigkeit, zu bedienen versteht. Also in den Augen von Behörden und Institutionen ein übler Querulant mit zu viel Zeit.

Bürgerstadt – Weichgespülte Umschreibung für den Slogan: »Wer sich ehrenamtlich engagiert, ist selber schuld.«

Buschtrommeln – Traditionelles Kommunikationsmittel der Eifeler Urbevölkerung. Funktionieren immer noch zuverlässiger als die Mobilfunknetze.

Butterbrote – Fallen wie Politiker garantiert immer auf die geschmierte Seite.

CLUB
Cherie

CDU – Wird in der Eifel immer gewählt – weil man immer schon CDU gewählt hat (vgl. »Kohlensäcke«).

Cellulitinnen – In die Jahre gekommene Ordensfrauen.

Cheyenne-Pfeffer – Gibt es nur in der Eifel, weil die Eifeler Hausfrau mit »Cayenne« nichts anfangen kann. Realiter hat das Würzmittel mit den nordamerikanischen Vertretern der Plains-Kultur also nicht das Geringste zu tun.

Chrysanthus und Daria – Patronatstag 25. Oktober. Die Eheleute, die eine Josefsehe führten, sind nicht nur die Schutzpatrone Bad Münstereifels, sondern auch die Patrone der Ehe. Gemeinsam mit dem heiligen Donatus, der gegen Blitz, Donner und Hagelschlag schützt, sind sie ein unschlagbares Trio (vgl. »Josefsehe«).

»Club Cherie« – Siehe »Milzenhäuschen«.

Crashkurs – Die unsicherste Methode, Auto fahren zu lernen.

WAR
IMMER
SO !
DIÄT

Das haben wir immer schon so gemacht! – Betonharte Rechtfertigung liebgewordener Fehler und Marotten.

Daun – Ungeliebter Ort in der Eifel. Schon das Electric Light Orchestra bat in den 1970er Jahren: *Don't bring me Daun!*

Demeter – Hat zwar etwas mit der Antike zu tun, ist aber kein antikes Längenmaß.

Demokratie – Auch so ein antikes Zeugs. Kennt man in der Eifel vom Hörensagen.

Diät – Weg des Verlustes. Während der dauerhafte Gewichtsverlust äußerst zweifelhaft ist, ist der Verlust der guten Laune ein Diäteffekt, der sich garantiert und unmittelbar einstellt.

DIN-O-SAURIER – Schreckliche Echsen, die vor ca. 65 Millionen Jahren aus der DIN fielen und ausstarben.

Diskriminierung – Als Eifeler von einem Bayern als Sau-Preiß tituliert zu werden.

Dollendorf – Keinesfalls die Hochburg des Eifeler Karnevals, wie man vielleicht vermuten könnte (vgl. »Niederdollendorf«).

Döner – Fast-Food-Version von *Das Schweigen der Lämmer*.

Dörech de Nas – Wörtl.: Durch die Nase. Eine der vier Sprachen, die der Eifeler spricht (vgl. »Huhdütsch«).

Drachenfels – Höchster Berg der Niederlande. Auf dem Weg zum Drachenfels üben die Niederländer in der Eifel Serpentinen-Fahren.

Drei – Gilt in manchen Kulturen als heilige Zahl. In der Eifel ist die Drei eine Traditionen begründende Zahl: »Wenn man etwas dreimal gemacht hat, dann ist es Tradition.« (Vgl. »Tradition«).

Dreiborn – Unter den gewiss nicht wenigen exotischen Eifeldörfern nimmt Dreiborn einen besonderen Platz ein. Das Dorf besitzt die höchstgelegene Wasserburg der Eifel – deren Wassergraben jedoch trocken gefallen ist.

Die seltsamen Einwohner verwenden Wörter, die außer ihnen niemand kennt. Den Begriff »Pömpel« etwa benutzen sie ähnlich wie die Schlümpfe »schlumpfen«. Das inoffizielle Dreiborner Wappen zeigt folgerichtig zwei gekreuzte Pömpel über einem Stachelschwein.

Du bist Deutschland – Du bist pleite.

Durst – Ein Zustand, den der Eifeler erst gar nicht einreißen lässt.

Düsseldorf – Landeshauptstadt von Nordrhein-Westfalen. Wiewohl der Ort das Suffix -dorf im Namen trägt, besitzt man seit dem 13. Jahrhundert Stadtrechte. Erstmalige geschichtliche Bedeutung erlangt Düsseldorf, als seine Bewohner 1288 den Kölnern helfen, deren Erzbischof bei Worringen zu besiegen und aus Köln zu vertreiben – ein Umstand, den die Kölner – wohlgemerkt! – den Düsseldorfern nie verziehen haben. Wenn möglich, halten sie es daher wie der Rhein und machen bis heute um Düsseldorf einen Bogen.

Düsseldorf – Was dem Chinesen einstmals der kaiserliche Bezirk in Peking ist heutzutage Düsseldorf dem Kölner: die verbotene Stadt.

Düsseldorfer – In freier Wildbahn der natürliche Feind des Kölners. Auf Eifeler Landstraßen Geduldsprobe für nachfolgende Fahrzeuge.

EIFEL KRIMI

Echsperte – Ein Fachmann, der sich u. a. mit Krokodilen auskennt.

EHE – Abk. aus lat. *Errare humanum est* (»Irren ist menschlich«).

Ehemann, guter – Der erste Mann einer Witwe.

Ehrenamtler – Ein liebenswerter Narr, der nützlich ist, solange er keine Ansprüche stellt und vor allem nicht selbstständig denkt.

Eifel – Mittelgebirgslandschaft. Begann im 19. Jahrhundert immer erst im nächsten Ort (vgl. »preußisch Sibirien«).

Eifel – Auch in Zeiten leerer Kassen eine Mittelgebirgslandschaft.

Die erste Eifelbeschreibung findet sich 1550 in der dritten Auflage der *Cosmographei* von Sebastian Münster: »Wiewol dies ein trefflich rauh und bergig land ist, stoßend an den Hunesruck und an das Lützelburger land, hat es doch Gott nit unbegabet gelassen, der dann einem jeden land etwas gibt, darvon sich die Ynwohner mögen betragen und ernähren ...«

Über die Eifeler heißt es: »Die Ynwoner seindt gar arbeitsam, haben sinnreiche köpf, wo sie geübet werden.«

Das Rohmaterial brachten die Eifeler also schon mit, doch musste man es noch veredeln.

Eifel-Dichter – Erreichten nur in Ausnahmefällen das Niveau der Eifeler Landschaftsmaler. Insbesondere Freizeitautoren halten konservativ am Endreim fest – vermutlich, weil sie sich mit den Ungereimtheiten in der Eifel nicht abfinden wollen.

Eifeler, der – In der Regel ein trinkfester Katholik, dem Iren und dem Polen vergleichbar.

»Eifel-Führer« – Gibt der Eifelverein in nunmehr deutlich über vierzig Auflagen heraus. Ansonsten haben die Eifeler aber mit Führern durchweg negative Erfahrungen gemacht (vgl. »Felsennest«).

Eifel-Krimi – Von Jacques Berndorf alias Michael Preute geschaffene Literaturgattung. Stärkster Impuls für den Eifel-Tourismus seit Eröffnung des Nürburgrings.

Eifel-Republik – Staatsgebilde von extrem kurzer Lebensdauer, das dennoch wie Phoenix aus der Asche immer wieder aufs Neue ersteht. Gegründet wird die Eifel-Republik immer dort, wo mehrere Eifeler exzessive Brauchtumspflege betreiben. Die zeitliche Dauer der Eifel-Republik verfliegt dann wie im Rausch.

Eifeler Triathlon – Traditioneller Mehrkampf. Besteht aus Schmuggeln, Wildern, Schwarzbrennen.

Eiffel-Turm – Akt der Entwicklungshilfe eines Abkömmlings einer Eifeler Emigrantenfamilie für die französische Hauptstadt. Beleg dafür, dass man ein Gut verknappen muss, damit es an Wert gewinnt.

Einbildung – Besondere Form der Bildung. Bei Kölnern extrem häufig anzutreffen.

Elektriker – Im Regelfall ein Universalkönner, den nicht einmal die Sonderwünsche von Lehrern und Juristen aus der Fassung bringen.

Elfmeterschießen – Die ultimative Möglichkeit, die Entscheidung in einem Fußballspiel herbeizuführen. Weil das Elfmeterschießen eine vollkommen humorlose Angelegenheit ist, gewinnen bei internationalen Vergleichen meist die Deutschen.

Emigrant – Einwanderer, der in einer fremden, wilden und mysteriösen Kultur mit dem Eifeler unverständlichen Riten sozialisiert wurde. Beispiele: Asiaten, Schwarzafrikaner, Westfalen und Bayern.

End of Days – Keineswegs ein Lehrfilm über die Menopause. Vielmehr ein Endzeit-Klopper mit Arnold Schwarzenegger. Deutscher Titel: *End of Days*.

Englisch – Kann man neuerdings sogar auf Fahrten im ICE lernen, indem man den Durchsagen des Zugführers lauscht. Die Aussprache ist garantiert so verlässlich wie die Fahrpläne der Bahn.

Enthaltsamkeit – Mit dem Deckmäntelchen der Moral bekleideter Mangel an Gelegenheit.

Erdnussflips – Dürfen beim Pokern auch dann nicht gesetzt werden, wenn man keine Chips mehr hat.

Erinnerungsvermögen – Ist beim Eifeler selektiv. Man findet unter Umständen noch Senioren, die glaubhaft versichern, sich an die Zeit des Eifeldevons aus eigenem Erleben erinnern zu können. Wesentlich seltener sind Zeitzeugen, die z. B. etwas über die Judenverfolgung während der NS-Zeit erzählen könnten.

Ernste Absichten – Lässt der Eifeler Mann erkennen, wenn er eine neue weibliche Bekanntschaft fragt, ob sie Traktor fahren kann.

»Erst kommt das Fressen, dann die Moral!« – Kommunistische Sicht der Welt. Der christliche Gegenentwurf lautet: »Unser tägliches Brot gib uns heute. Und vergib uns unsere Schuld, wie auch wir vergeben unsern Schuldigern.« (Vgl. »Gläubiger«).

Essen – Die frühere Weisheit »Was der Bauer nicht kennt, das frisst er nicht« kommt nicht zuletzt in Ermangelung von Bauern immer stärker aus der Mode. Viele moderne Eifeler vertreten vielmehr den Grundsatz »Was sich bewegt, kann man auch essen.« (Vgl. »Rallyehase«).

»Es war kurz nach dem Krieg!« – Eifeler Standardspruch, der in jedem Gespräch über frühere Zeiten fällt. Wird gerne benutzt mit dem Zusatz »Wir hatten ja nichts!« (Vgl. »Nachkriegszeit«).

Euskirchen – Seit 1824 Hauptort des gleichnamigen Kreises. Eine Stadt, die im 19. Jahrhundert einen Großteil ihres kulturellen Erbes dem ungehemmten wirtschaftlichen Wachstum geopfert hat. In den Augen versnobter Ewiggestriger (vgl. »Münstereifeler«) heute noch als Boomtown bzw. Goldgräbernest klassifiziert.

Für manche Kölner ist Euskirchen bereits ein Eifelort – ein weiterer Beleg für deren gnadenlose Dummheit.

Exot – Innerhalb der Eifel: Asiaten, Schwarzafrikaner, Westfalen und Bayern. Außerhalb der Eifel: der Eifeler.

FRAU
FUNDI
FREMDER

Fehde – In Sachsen anderes Wort für »Bardi«.

Felsennest – Anheimelnde Namensgebung für das Führerhauptquartier, von dem aus im Mai 1940 der Überfall auf Frankreich und die BeNeLux-Staaten befehligt wurde. Heute wieder verstärkt Anlaufstelle für Leute, die nichts begriffen haben, und solche, die nie etwas begreifen werden.

Ferien – Gab es für die Eifeler Kinder früher nur, damit sie in der Landwirtschaft mitarbeiten konnten. Statt Herbstferien sagte man Kartoffelferien, weil dann bei der Kartoffelernte geholfen wurde. Im Sommer übrigens wurden die Bäume gewürgt, damit die Pflaumen blau wurden.

Festrede – Beliebte Gelegenheit, einen Jubilar vor seinen geladenen Gästen verbal zu blamieren – und von diesem dafür auch noch Dank zu erhalten.

Fichte – In der Eifel heute noch Preußenbaum genannt. Die Bezeichnung erinnert an die Aufforstung der in der Franzosenzeit geplünderten Eifelwälder mit diesem fremden Gehölz in der Preußenzeit. Insgesamt passt die Fichte ebenso gut in die Eifel wie weiland die protestantischen Preußen ins katholische Rheinland. Merksatz: »Willst du einen Wald vernichten, pflanze Fichten, Fichten, Fichten.«

Figlio de puttana – Klingt wie Putenfilet. Sollte man aber besser beim Italiener nicht bestellen.

Filzstift – Lehrling beim Zoll.

Finchen – Koseform von Josefine. In der Eifel häufig anzutreffen in Verbindung mit Oma. Eine Kombination, die im Extremfall ganze Bevölkerungsgruppen in den Wahnsinn treiben kann. Oma und Finchen steht in der Tradition von Smith & Wesson und Nitro & Glyzerin.

First Lady – In der Eifel die Vorsitzende eines Dachdeckerverbandes.

FKK-Artikel – Artikel 11 des Grundgesetzes, garantiert die Freizügigkeit.

Flottenvereine – Gab es natürlich in der wasserreichen Eifel auch – zumindest während der Kaiserzeit. Ihre Mitglieder waren aber viel zu chauvinistisch, um wirklich flott zu sein.

Fön – Trocknet und macht schön.

Frau – Früher eine billige Arbeitskraft. Flexibler als ein Ochse, aber nicht so preiswert in der Unterhaltung (vgl. »Kuh«).

Frauen – Lernen nur sprechen, damit sie Widerworte geben können.

Fremde – Menschen, denen gegenüber sich der Eifeler befremdlich verhält, weil sie ihm fremd sind.

Fremdenverkehr – Form der Nächstenliebe, die gegen Entgelt praktiziert wird (vgl. »Prostitution«).

Fremdenzimmer – In der Eifel die immer noch übliche Bezeichnung für Gastunterkünfte. Der durchschnittliche Eifeler Gastronom und Hotelier fühlt sich durch den Gast so lange nicht belästigt, wie dieser keine Extra-Wünsche äußert. Am höchsten aber würde der Eifeler den Gast schätzen, wenn dieser seinen Obolus entrichtete, ohne etwaige Leistungen in Anspruch zu nehmen.

Freunde, gute – Kann im Gegensatz zu siamesischen Zwillingen niemand trennen.

Freundschaft – Gibt es in der Eifel auch zwischen Mann und Frau. Sie endet dann häufig mit der Eheschließung.

Friedwald – Bestattungsform, die sich gegen anfängliche Widerstände auch in der Eifel mehr und mehr durchsetzt. Insbesondere Politiker sollten eingeäschert werden, um ihnen post mortem einen letzten Urnengang zu garantieren.

Friedwald – Slogan: »Zum Sterben schön.«

Frikadellen – In manchen Eifeler Gaststätten das einzige für Vegetarier taugliche Gericht.

Früher – War nicht nur alles früher als heute, sondern auch viel besser – sogar zu den Zeiten, als man noch nicht einmal elektrisches Licht hatte.

Fundamentalist – Ein Idealist, versehen mit ideellem oder materiellem Sprengstoff. Anderer Begriff für Überzeugungstäter (vgl. »Idealist«).

Fußball – Wird bei Dorfvereinen eher gearbeitet denn gespielt. Revolutionär war der Gedanke, vor dem Spiel die Melkschemel abzuschnallen.

Fußball – Opium fürs Volk.

Fußballvereine – Hatten früher möglichst martialische Namen wie Bayern Lynchen oder Mörder Bremen, um den Gegner möglichst schon vor Spielbeginn einzuschüchtern. Heutzutage sollten Vereinsnamen mehr den gesundheitlichen Aspekt des Fußballspiels betonen. Deshalb einige Vorschläge:

National: TBC Berlin, Borreliose Dortmund, Bronchofortuna Düsseldorf, Hansaplast Rostock.

International: Arsenicalia London, FC Livertran, Queens Parkinson Rangers, Charlton Alzheimer, Glasauge Rangers, Doppel-Hearts of Midlothian, Diabetis Sevilla, ASS Rom, ACC Mailand, Torino Calcium, Hellas Veronal, AOK Athen, Spastik Moskau, Tablette Genf, Valium Reykjavik, Pullmollnarios Buenos Aires.

Fußgängerzone – Bereich, den man zwischen 0:00 Uhr und 4:00 Uhr und zwischen 4:00 Uhr und 11:00 Uhr meiden sollte. In der ersten Zeit läuft man Gefahr, von Taxis, die die Betrunkenen aus den umliegenden Gaststätten abkarren, überfahren zu werden. Danach muss man sich vor dem Lieferverkehr in Sicherheit bringen. Erst ab 11:00 Uhr gehören Eifeler Fußgängerzonen den Fußgängern (vgl. »Krampfadergeschwader« bzw. »Stützstrumpfgeschwader«), von einzelnen verirrten Autofahrern mit großstädtischen Kennzeichen einmal abgesehen.

G

Gast – Jemand, von dem man lebt, seit es kaum noch Landwirtschaft gibt. Darf man melken und ausnehmen, keineswegs aber schlachten und verzehren.

Gastwirte – Sind die natürlichen Anwälte aller Müden, Durstigen und Beladenen. Klagen auf ähnlich hohem Niveau wie »Hoteliers« (vgl. ebd.).

Geld – Eine Art Schmiermittel für das Getriebe zwischenmenschlicher Beziehungen. Besonders skrupellose Zeitgenossen würden für Geld alles tun – sogar arbeiten.

GEMA – »Zwei Dinge im Leben sind uns sicher,« formulierte der englische Premierminister William Pitt, »Steuern und der Tod!«

Hätte es zu seinen Lebzeiten bereits die GEMA gegeben, hätte er sie mit Sicherheit auch aufgeführt, denn selbst über die abgelegenste Dorfdisco erhält diese zuverlässig Kenntnis. Von der GEMA hätte die StaSi in der DDR noch etwas lernen können.

Gemeindehäuser – Modeerscheinung in der Eifel. Braucht man nicht unbedingt, werden aber noch aus öffentlichen Mitteln gefördert. Dringend erforderlich, wenn die Nachbargemeinde gerade eines eingeweiht hat.

Werden in Zukunft wohl durch die Kreisel als Statussymbol abgelöst.

Gemüse, junges – Schätzt der Eifeler Mann eher wegen der Optik als wegen des Geschmacks.

Gemüt – Deutsche Krankheit, für die es z. B. im Französischen kein Äquivalent gibt. Wo das Gemüt einsetzt, setzt der Verstand aus.

Genealogie – Fachbegriff für Ahnenforschung, Familienkunde. Betreibt der Eifeler – eigenwillig und mit Eifer – ungefähr so:

»Dat Edeltraud, dat is doch die Tochter von dem Hein, dessen erste Frau doch damals mit dem Neger durchgebrannt ist. Der damals den Trecker von dem Jupp gekauft, dann aber doch nicht bezahlt hat, weil er wat an der Pumpe hatte.«

Spätestens hier fragt sich der Nicht-Eifeler: »Wessen Pumpe?« Die vom Trecker, von Hein oder gar die von dem Neger? Der Eifeler jedenfalls antwortet auf solch einen Vortrag: »Ach, dat Edeltraud!«

Generalvikariat – Stasi für Katholiken.

Genießer – Jemand, der z. B. ein Stück Torte so langsam isst wie ein Beamter.

Georg – Heiliger, der in der Eifel zum Kanon der vierzehn Nothelfer gehört. Patronatstag ist der 23. April. Schutzpatron der guten Regierung. Wurde nicht nur in vielen Eifeler Rathäusern schon lange nicht mehr gesichtet.

Gerücht – Man kann nicht wissen, ob etwas Wahres dran ist, aber man kann es weitererzählen.

Gewissen – Sollte man – wie den Magen auch – nicht zu stark belasten.

Haiku:
Ein sanftes Kissen.
Ich benutze es nie, mein
Reines Gewissen.

Gießkanne – Gerät zum Gießen von Pflanzen und zur Verabreichung von Kneipp-Güssen. In Münstereifel auch der Name des »Informations- und Bürgerblattes«, in dem sich einzelne, teils unvollständige Artikel zwischen reichlich Werbung verlieren.

Gläubiger – Ein Mensch, dem man lieber vergibt als einem Schuldiger.

Glück im Spiel – Geld für die Liebe.

Golf-Hotel Bad Münstereifel – Liegt in weniger als dreißig Sekunden Entfernung vom Golfplatz Eschweiler (sofern man einen Hubschrauber hat). Passend zum Namen ist auch die Zuwegung eine Anlage mit achtzehn (Schlag)-löchern.

Gottesbeweis – Versuch, die Existenz Gottes mit Hilfe der Vernunft zu beweisen.

Weil der Eifeler ohnehin an Gott glaubt, bedarf er keines Gottesbeweises. Nach seinem Verständnis ist Gott – trotz aller feministischen Störfeuer –

a) männlich, weil er ein dreifaltiger Gott ist und keine Frau zugeben würde, faltig zu sein und

b) Junggeselle, weil sonst das Evangelium nach Johannes nicht mit »Am Anfang war das Wort, und das Wort war bei Gott ...« beginnen könnte. Wäre Gott verheiratet, wäre das Wort bei seiner Frau.

Griechen – Volk der Antike, dessen Pornografie wir heute als Kunst einstufen.

Grusel – Verschafft sich der Eifeler z. B. bei der Lektüre der Anthologien *Abendgrauen I bis III*, der Kölner hingegen bei den Spielen des FC.

Gruß, militärischer – Wurde eingeführt, damit alle unteren Chargen sich beim Anblick ihres Vorgesetzten ungestraft an den Kopf fassen dürfen.

Gülle – Bringt der Eifeler noch immer auf den Wiesen aus, weil die Städter glauben, der »Duft« gehöre zum speziellen Flair der Eifeler Landschaft.

Gute, alte Zeit – Kaiserzeit, Weltwirtschaftskrise, Nazizeit, Nachkriegszeit. Also immer Zeiten, in denen man entweder das Maul nicht aufmachen durfte oder nichts zu fressen hatte oder beides.

Gute Partie – Früher eine Frau, die mindestens einen Traktor mit in die Ehe brachte.

Gut gemeint – Das Gegenteil von gut gemacht.

H
WANTED
NET
?

»Hä?!?« – Kurzform, mit der der Eifeler in etwa »Leider war es mir nicht vergönnt, Ihre Aussage vollinhaltlich zu erfassen. Würden Sie sie liebenswürdiger Weise noch einmal für mich wiederholen?« sagen will. Der Eifeler ist ein Meister sprachlicher Verkürzung.

Halbbetrunken – Ein Zustand, den der sparsame Eifeler überhaupt nicht schätzt. Halbbetrunken zu sein bedeutet für ihn Geldverschwendung. Merksatz: »Halev voll ess fottjeworfe Jeld.«

Handys – Mobiltelefone. Haben in der Eifel immer dann, wenn man sie wirklich einmal braucht, kein Netz.

Haushaltsbuch – Verrät der Eifeler Hausfrau, dass sie je 30 Prozent ihrer Ausgaben für Miete, Kleidung, Nahrung und Luxus tätigt.*

Heiligenskulptur – Form einer religiösen Wertschöpfung, bei der aus einem Stück Totholz eine Art Direktverbindung in den Himmel gemeißelt wird. Kann funktionieren, wenn man daran glaubt.

Heino – Naturkundler. Wichtigste Thesen: »Schwarzbraun ist die Haselnuss!« »Blau, blau, blau blüht der Enzian!« »Die Sonne scheint bei Tag und Nacht, eviva España!«

*redaktioneller Hinweis: Wenn Sie sich jetzt fragen: »Und was macht sie mit dem Rest?« sollten Sie den Text noch einmal lesen.

Heino Rathaus-Café – Moderner Wallfahrtsort, an dem sich bevorzugt Senioren mit Haselnusstorte und Volksmusik zudröhnen, bis sie stoned sind.

Heiratsanzeige – »Landwirt sucht Frau mit Traktor. Nur ernst gemeinte Zuschriften. Bitte Bild des Traktors beilegen.«

Heiratsfähig – Berechtigt, größere Dummheiten zu begehen als in der Jugend.

Heiratsschwindler – Ein Mann, der gut aussieht und tanzen und kochen kann.

Heuschrecken – Sammelbegriff für Vertreter einer Insektenordnung, zu der u. a. Grillen, Laubheuschrecken und Feldheuschrecken gehören. Wanderheuschrecken müssen allerdings nicht zwingend im Eifelverein organisiert sein.

Hintern – Darauf schaut der Eifeler zuerst bei einer Frau. Er taxiert, ob er nicht zu breit für den Sitz des Traktors ist, denn schließlich soll die Frau ja in der Landwirtschaft mitarbeiten.

Hirsch – Ist dem Eifeler, was der Elch dem Skandinavier. Isst der Eifeler gerne mit Rotkohl und Klößen.

HIV – In der Eifel Abkürzung für »Hann isch verjesse.«

Hochgürtel, Günter – Redakteur beim Kölner Stadt-Anzeiger, Frontmann von *Wibbelstetz*. Manche halten ihn für den Bob Dylan der Eifel, während andere Bob Dylan nicht kennen und wieder andere nicht wissen, wo die Eifel anfängt bzw. aufhört.

Hochlandrind, schottisches – Britischer Gastarbeiter auf Eifeler Weiden.

Hochzeit – Anlass, sich maßlos zu betrinken (vgl. »Beerdigung«).

»Hoffnungslos, aber nicht ernst!« – Bestmögliche Antwort auf die stereotype Frage: »Wie ist die Lage?«

Holzmichl, der alte – Sinnbild für ein nicht totzukriegendes deutsches Phänomen: Wie auf Befehl kollektiv die Arme hochreißen und ohne Sinn und Verstand in Gleichmacherei verfallen.

Hoteliers – Angehörige einer Spezies, der der Sommer entweder zu kalt oder zu heiß oder zu nass oder zu trocken, der Winter hingegen zu kalt oder zu warm, zu schneereich oder zu schneearm ist usw. Dauerhaft unzufrieden sind sie mit der Auslastung ihrer Betten (vgl. »Gastwirte«).

Huhdütsch – Wörtl.: Hochdeutsch. Eine der vier Sprachen, die der Eifeler spricht (vgl. »Övver andere Löck«).

Humor – Siehe »Schwarzer Humor«.

A
C
B
X

I – Vokal; neunter und gleichzeitig dramatischster Buchstabe des Alphabets; wesentlich dramatischer als etwa das A, wie folgende Beispiele untermauern:

Kaller	Killer
Jmd. anfaxen	jmd. anfixen

(Und würden Sie sich von einem Nordamerika-Urlaub nicht auch lieber einen Trapper mitbringen?)

»Ich habe gerade nicht aufgeräumt.« – Eifeler Standardbegrüßung, bevor man einen Gast zur Tür herein bittet.

Idealist – Ein Anhänger des Luxus. Gönnt sich eine eigene Vorstellung davon, wie die Welt zu sein hat. Anders als andere Anhänger des Luxus ist der Idealist bereit, seine Güter kostenlos an seine Mitbürger weiterzutragen – mitunter auch gegen deren erklärten Willen (vgl. »Zyniker«).

Idiot – Amerikanisch, englisch, polnisch, russisch, tschechisch usw. für »Idiot«. Der Eifeler hingegen bezeichnet einen Idioten als Tuppes. Beispielsatz: »Luur d'r ens der kölsche Tuppes do fürre aan.«

IG »Glaube, Sitte, Heimat« – Siehe »Schützenvereine«.

Inseln – Gibt es natürlich auch in der wasserreichen Eifel. Am häufigsten verbreitet sind Verkehrsinseln.

Invasion – Veraltet für »Tagestourismus«.

MARA
THONA

Jagdgewehr – Mit ihm löst man in der Eifel weit mehr Probleme als mit Alkohol (vgl. »Problem«).

Jogging-Anzug – Bevorzugte Garderobe bei Lauftreffs und in der geschlossenen Psychiatrie (vgl. »Marathonläufer«).

Josefsehe – Führt der verheiratete Eifeler im Laufe seines Ehelebens früher oder später (vgl. »Verkehrsberuhigte Zone«).

Junggeselle – Mann, dem zum Glück die Frau fehlt.

Junggesellenverein – Bedeutender Träger der Eifeler Brauchtums- und Kulturpflege. Neben Sportverein und Feuerwehr die wichtigste Institution, den exzessiven Missbrauch von Alkohol zu erlernen.

Jurist – Siehe »Volljurist«.

TRIER
5.8 km

Kaffee – Nationalgetränk des Eifelers. Schmuggelt er auch heute noch aus Belgien über die Grenze, eher aus Tradition denn aus Notwendigkeit (vgl. »Tradition«).

Kaiser – Einer der zahlreichen Blender, auf die die Eifeler immer noch so gerne hereinfallen. Ausnahmsweise ist hier mit »Kaiser« nicht Franz Beckenbauer gemeint.

Kaiserschmarr'n – Das Gewäsch von Franz Beckenbauer.

Kalender – Gibt es tatsächlich im Plural. Beispiele sind die jüdische Zeitrechnung oder der Französische Revolutionskalender. Während die christliche Zeitrechung in »vor Christi Geburt« und »nach Christi Geburt« unterteilt ist, gliedert sich der Eifeler Kalender in die Zeit vor Karneval und nach Karneval. Entgegen anderslautender Behauptungen ist ansonsten auch in der Eifel der gregorianische Kalender gültig (vgl. »Uhren«).

Kalterherberger – Für den Eifeler ist der Kalterherberger, was dem Briten der Ire, dem Süddeutschen der Ostfriese, dem Norddeutschen der Bayer usw: Zielscheibe für Spott aller Art.

Kamel – Anderes Wort für gutgläubiger Ehemann.

Kannibale – Ein liebenswerter Zeitgenosse, der seine Mitmenschen zum Fressen gern hat.

Karaoke – Beliebtes Freizeitvergnügen, das aus dem Tokioter Stadtteil Shibuya über die Welt schwappte. Weil man den Text, den man zur Playback-Musik singen soll, von einem Teleprompter ablesen muss, wird Karaoke sich aufgrund der immer schwächeren Lesekompetenz deutscher Schüler in absehbarer Zeit von selbst erledigen. In Köln z.B. wird es innerhalb der nächsten neun Jahre von der Bildfläche verschwinden.

Karneval – Brauchtumspflege, um sich mal wieder maßlos zu betrinken (vgl. »Kirmes«).

Karneval – Kamelle, Strüßjer, Bützjer, Lippenherpes.

Kartoffel – In der Eifel seit den 1780er Jahren heimisch. Bietet die Möglichkeit, einmal (Erd-)Äpfel mit (Grund-)Birnen zu vergleichen.

Kartoffelsalat – Pampige Masse. In der Eifel Requisit jeglicher Festivität. Gelegentliche Reste wurden früher an die Schweine verfüttert, heute werden sie Kindern zum Basteln und Modellieren übereignet.

Kassandra – Figur der griechischen Mythologie, der man nicht glaubte, weil sie die Wahrheit sprach. Gegenteil zum modernen Politiker.

Katholisch – Eifeler Grundeinstellung.

»Kein Wunder, so wie der gesoffen hat.« – Erwiderung auf die Eifeler Begrüßung »Weißt Du schon, wer gestorben ist?« (vgl. ebd.).

Keller – Wird von manchen Zeitgenossen aufgesucht, wenn sie das Bedürfnis haben zu lachen.

Kilometerangaben – Stimmen in der Eifel grundsätzlich nie. Eifeler können noch schlechter schätzen als Frauen.

Kirmes – Brauchtumspflege, um sich mal wieder maßlos zu betrinken (vgl. »Karneval«).

Kleinbauer – Veraltet für Nebenerwerbslandwirt. Trägt traditionell einen Teil seines Bodens unter den Fingernägeln.

Knollenbank – Liebevolle Bezeichnung für die eifeltypischen Volksbanken und Raiffeisenbanken. Die hochdeutsche Übersetzung lautet in etwa »Zuckerrübeninstitut«.

Köbes – Ein Kölner, den der Eifeler dennoch ins Herz schließt. Natürliches Verbreitungsgebiet sind Kölner Brauhäuser, deren typisches Produkt um so teurer wird, je näher man dem Dom ist. Ein Köbes erinnert nicht nur der Berufsbekleidung wegen entfernt an Käpt'n Blaubär. Wortgewandt und beredt, hat er mitunter Probleme beim Rechnen. Abgesehen davon ist er der einzige Macho, der ganzjährig mit einem Handtäschchen herumläuft, welches er Bierkranz nennt.

Koch, Roland – Hessischer Ministerpräsident und brutalstmöglicher Aufklärer. Auf italienisch: Pinocchio.

Kochen – Eine Eigenschaft, die man in den 1950er Jahren von jeder Frau erwartete. Eine emanzipierte Frau von heute sollte außer Kochen aber auch Backen können.

Kohlensäcke – Sind schwarz. Würde man in der Eifel wählen, wenn man nicht CDU wählen könnte.

Köln – Millionendorf am Rhein.

Köln, 1. FC – Hat außerhalb Kölns vor allem in der Eifel noch sehr viele Anhänger, zumal er vor dem Aufstieg des FSV Mainz 05 der einzige Karnevalsverein war, der je in der Bundesliga spielte. Das »FC« steht übrigens für »Fahrstuhl-Club«.

1.-FC-Köln-Syndrom – Mentaler Spagat: Mit dem Kopf in der Champions League, mit einem Bein in der Regionalliga.

Kölner – Angehöriger einer Randgruppe, die Kölsch für Bier hält. Sieht hochnäsig auf den Eifeler herab, weil er auch nüchtern übersieht, dass seine Vorfahren einst selbst aus der Eifel nach Köln kamen.

Kölner – Jemand, der nicht über sich selbst lachen kann, obwohl er allen Grund dazu hat.

Kompromiss – Eine Lösung, die mehrere Verlierer kennt.

Konservativer – Alteingesessener von echtem Schrot und Korn. Beratungsresistent und unbelehrbar.

Kostenlos – Ist die Schulbildung des Eifelers. Die des Kölners hingegen ist umsonst.

KPD – Wurde früher in der Eifel vereinzelt gewählt, bis man entdeckte, dass das K nicht für »katholisch« steht.

Krampfadergeschwader – Eine Art Zugvögel. Trifft man gerne auf Kegeltour oder Kaffeefahrt (vgl. »Stützstrumpfgeschwader«).

Krankenhäuser – Die gefährlichsten Orte in der Eifel. Die meisten Eifeler sterben in Krankenhäusern.

Krankenschwestern – Hübsche, junge Frauen im Fetisch-Outfit, die Männer nach ihren Wünschen fragen, sofern diese nicht Kassenpatienten sind.

Kreisel – Ende der 1960er Jahre zugunsten von ampelgeregelten Kreuzungen ausgemustert, feiern die Kreisel seit Ende der 1990er Jahre ihr Comeback. Das Wetteifern der Eifeler um die künstlerische Gestaltung der schönsten Kreisel hat gerade erst begonnen. Man darf gespannt bleiben ...

Kreuz – »Wer das Kreuz trägt, der segnet sich auch damit« lautet eine alte Eifeler Weisheit. Gemeint ist, dass derjenige, der (politische) Verantwortung trägt, auch dafür sorgt, dass er sein wirtschaftliches Auskommen hat. Dass es manchmal auch ein bisschen mehr als nur das Auskommen sein darf, bewies zuletzt der Kölner Oberbürgermeister, der sich mit einer Gruppe aus seinem Umfeld eine nette kleine Lustreise nach St. Petersburg gönnte (vgl. »Lustreise«).

Kriegsende – Siehe »Nachkriegszeit«.

Kriminalität – Gibt es in der Eifel nur in den Romanen von Jacques Berndorf, Ralf Kramp u. a. – behaupten jedenfalls die Eifeler.

Krötenwanderung – Eine der wenigen Wanderungen in der Eifel, die nicht vom Eifelverein organisiert werden.

Kuh – In der Eifel früher kostbarer als Frauen. Merksatz: »Frauentod – keine Not. Kühesterben bringt Verderben.«

Kultur – Gibt es in der Eifel genauso viel oder genauso wenig wie andernorts. Die meisten Kulturen trägt der Eifeler in Form von Bakterien auf seinem Körper. Die Ausweisung der letzten Eifeler Landwirte als Biotope ist allerdings noch nicht geplant.

Kümmernis, Hl. – Heilige, die zwar in Prag verehrt wird, jedoch auch wunderbar in die Eifel passen würde. Der Legende nach sollte sie gegen ihren Willen verheiratet werden. In ihrer Not wandte sie sich im Gebet an Gott und die Heiligen, die sie erhörten. Über Nacht wuchs ihr ein Vollbart, weshalb ihr ausersehener Gatte sie verschmähte. Zur Strafe für ihre Insubordination wurde sie gekreuzigt – das Kreuz der Ehe aber blieb ihr erspart. Auch in der Eifel werden mittlerweile bärtige Frauen nicht mehr geheiratet.

Kupfer – Metall. Wurde nach dem Krieg aus der Eifel nach Belgien geschmuggelt und gegen Kaffee und Zigaretten getauscht. Wird heutzutage wieder gesammelt – manchmal auch gestohlen – und weiterverkauft, was ein weiterer Beleg dafür ist, dass die Nachkriegszeit für den Eifeler bis heute nicht beendet ist.

Kurgast – Mythisches Wesen aus der Zeit vor der Gesundheitsreform. Soll angeblich noch in Restpopulationen vorkommen, ist im Grunde aber schon ein Fall für die Kryptozoologie.

Kurtaxe – Moderne Form der Wegelagerei.

Lappen –
1. Volksgruppe im Norden Europas, deren Angehörige in Norwegen und Schweden als Samen bezeichnet werden.
2. Kosename, mit dem der Eifeler seinen Führerschein belegt. Ob emanzipierte Eiflerinnen ihre Fahrerlaubnis jedoch als Lappin bezeichnen, ist noch nicht ausreichend wissenschaftlich untersucht.

Lebensgefährtin – Komparativ zu Lebensgefahr.

Lehrer – Jemand, der gewerblich Kinder quält. Leider gibt es viel zu wenige Lehrer.

Leiter – Ein Steiggerät, nach dem es den Eifeler verlangt, wenn es heißt: »Die Getränke gehen aufs Haus.«

Liberal – Nach allen Seiten offen. Oder: Nicht ganz dicht – je nachdem.

Lokalredakteur – Der Hellseher unter den Journalisten: Er kann über Veranstaltungen berichten, die er nicht selbst besucht hat – und das meist sogar noch mit Foto!

Lumpen – Waren nach dem Krieg der einzige Rohstoff, aus dem man zunächst Kondome, später Puppen oder Fußbälle für den Nachwuchs fertigte.

Lumpen – Gibt es auch heute noch in der Eifel, doch darf man sie nicht mehr mit Füßen treten.

Lupo – Von lat. *lupus* (der Wolf). Der Beitrag von Volkswagen zur Niederwild-Jagd auf Eifeler Straßen.

Lustreise – Eine andere Bezeichnung für eine mehrtägige Informationsveranstaltung, die Entscheidungsträger zu Studienzwecken in die Ferne führt.

Auf die journalistische Frage »Handelte es sich bei dieser Informationsveranstaltung nicht vielmehr um eine Lustreise?« antwortet der smarte Politiker: »Nein, ich hatte meine Frau dabei.«

M

Mahlberg – Eifeldorf (vgl. »Rodert«).

Mahlzeiten, warme – Benutzt der Eifeler in der Diskussion zur Bekräftigung seines Standpunktes. Beispiel: »Du hast von Transsexuellen keine Ahnung!« – »Watt 'is? Ich hatte im Leben mehr Transsexuelle als du warme Mahlzeiten!« (Vgl. »Transsexuelle«).

Maibräuche – In vielen Eifeldörfern auch heute noch lebendig. Nach alter Väter Sitte werden die Mädchen noch von den Junggesellen ersteigert. Diese sind es auch, die in der Nacht zum 1. Mai einen möglichst bunt geschmückten Baum aufrichten, mit dessen Länge man die Nachbardörfer übertreffen möchte. Maibräuche sind eine Fundgrube für Volkskundler und Tiefenpsychologen sowie ein Segen für die Getränke-Industrie.

Manöverschaden – Früher ein einträglicher Nebenerwerb für den Eifeler Bauern.

Marathonläufer – Ein Suchtkranker, der so intensiv mit seiner Krankheit beschäftigt ist, dass seine Gesprächsinhalte immer nur um Trainingspläne und persönliche Bestleistungen kreisen. Mitunter sind Parkuhren die ergiebigeren Gesprächspartner.

Märchen – Wurden früher den Enkeln von ihren Großmüttern erzählt. Heute sind es in erster Linie Ehemänner, die ihren Frauen Märchen auftischen.

Maria Rast – Wallfahrtsort, von dem diejenigen, die das A im zweiten Wort betonen, annehmen, dort würde die Madonna von der gesegneten Beschleunigung verehrt.

Mars – Planet. Dem Eifeler verdächtig, weil er rot ist.

Martin, Hl. – Bischof von Tours; Heiliger des 5. Jahrhunderts. Begründete durch eine einmalige Bekleidungsspende die Sozialhilfe.

Märtyrer – Ursprünglich: Blutzeugen Christi; mithin Menschen, die für ihren Glauben gestorben sind. Es gab Zeiten, da die Heiligenfesttage den Kalender prägten. Da heute aber die Autogläubigen überwiegen, kennen die modernen Schüler sich eher mit Mehrtürern aus.

Mathematik, höhere – Gäbe es ein Buch, welches das Verhältnis des Eifelers zur höheren Mathematik behandelte, trüge es vermutlich den Titel: *Jenseits des Thales*.

Mechernich – Während manche andere Eifel-Städte einen Bahnanschluss haben, hat in Mechernich ein Bahnanschluss eine Art Stadt mit einem eckigen Kreiskrankenhaus. In dessen Nähe liegen u. a. ein Bestattungsinstitut und ein Geschäft für Grabmale. Nur in Zülpich hat man mehr Sinn für schwarzen Humor: Dort errichtete man das geriatrische Zentrum auf einem römerzeitlichen Urnengräberfeld.

Meditation – Wird jetzt auch in der Eifel immer populärer. Anstelle der Fünf Tibeter meditiert der männliche Eifeler jedoch lieber die Fünfundzwanzig Bitburger.

Meister der Herzen – Anderer Begriff für einen beliebten Verlierer. Wurde in der Fußballsaison 2001/2002 von Bayer Leverkusen in Reinform kultiviert, als man nacheinander die Deutsche Meisterschaft, das DFB-Pokalfinale und das Champions-League-Finale vergeigte. Lohn dieser Leistungen war neben dem Begriff »Meister der Herzen« die zeitweise Umbenennung in Bayer Vizekusen.

Die Frage, ob Deutschland das WM-Finale 2002 gegen Brasilien gewonnen hätte, wenn die Leverkusener Akteure Schneider, Ramelow (Deutschland) und Lucio (Brasilien) anders verteilt gewesen wären, ist rein theoretisch, weil auch der damalige deutsche Teamchef Völler eigentlich ein Leverkusener war.

Mensch – Für den liberalen Eifeler Männer und Frauen, wie das Wort »Frauminsch« (wörtl. Fraumensch) evident belegt.

Mercedesstern – Praktische Zielvorrichtung auf der Motorhaube von Luxuskarossen. Ideal für die Jagd auf straßenquerende Wildtiere und Passanten.

MGV – Eigentlich Männergesangsverein; in der Eifel steht MGV eher für Männergebrüllsverein.

Michelsberg – Von einer Wallfahrtskapelle bekrönter Vulkanembryo. Der Kölner Jurist Johann Baptist Fuchs schrieb in seinen Lebenserinnerungen:

»Eine neue Erscheinung und eine erfreuliche Sache für mich war eine Wallfahrt nach der Michaeliskirche etwa zwei bis drei Stunden von Münstereifel. Das ganze Gymnasium mit seinen Fahnen und der größte Teil der Bürgerschaft zogen in Prozession dahin. Diese Kirche liegt isoliert auf einem Berge in einer schauderhaft romantischen oder besser gesagt wilden Gegend. Die Dorfbewohner daselbst gleichen belebten Eichklötzen. Sie sprechen wenig oder gar nichts und starren wie Hornvieh einen an, wenn man mit ihnen spricht ...«

Milzenhäuschen – Ort, an dem eine besondere Form des Fremdenverkehrs praktiziert wurde (vgl. »Club Cherie«).

Minestrone – Italienische Gemüsesuppe. Unterscheidet sich in Eifeler Restaurants von der landläufigen Gemüsesuppe nicht in den Zutaten, wohl aber im Preis.

Mischehe – In der Eifel die Verbindung zwischen einem Pilsgenießer und einer Kölschtrinkerin.

Möllemann, Jürgen W. – Nerviger Profilneurotiker aus Münster/Westfalen, der auch vor der Eifel nicht Halt machte. Hätte Barschel toppen können, wenn er in einer Badewanne gelandet wäre.

Mond – Himmelskörper. Nimmt mal ab, mal zu. Ist ergo weiblich, wie man in der Antike bereits wusste, als die Mondgöttin Selene bzw. Luna hieß.

Monogamie – Historischer Irrtum der Evolution. Monogamie bedeutet Monotonie.

Monschau – Stadt in der Eifel; während des Sommerhalbjahres Enklave der Niederlande.

Motorradfahrer – Verwegene Wölfe der Landstraße mit dem Hang zur Selbstüberschätzung. Sind häufig im Rudel anzutreffen, tragen romantische Namen wie »Hellfuckers« und verunglücken serienweise auf Eifeler Landstraßen.

MP3-Player – Modernes Folterinstrument zur akustischen Peinigung Unschuldiger.

Müller, Johannes – Geboren in Schönau, etwa 1772. Ex-Jesuitenschüler, Wirt, Händler, Bankrotteur, Dieb, Räuber, Erpresser, Brandstifter, Mörder. Durchlief somit eine Karriere, die nicht unbedingt eifeltypisch ist und die am 18. November 1801 in Koblenz auf der Guillotine endete.

Münstereifeler – Auf den ersten Blick ein Einwohner der Stadt Bad Münstereifel. Bei genauerer Betrachtung ein lebendiges Paradoxon: Der gebürtige Münstereifeler gehört mittlerweile einer ethnischen Minderheit an, die schon aufgrund ihrer stockkonservativen Grundeinstellung unter Naturschutz gestellt werden sollte. Putzig ist die Auffassung vieler Münstereifeler, ihre Stadt gehöre noch nicht zur Eifel, obwohl sie der einzige Ort ist, der die Landschaftsbezeichnung als Bestandteil im Namen führt. Alles in allem sind die Urmünstereifeler in etwa so zukunftsfähig wie die Dinosaurier.

Müsch – Ort in der Eifel. Für den Eifeler erste Etappe auf dem Weg zur französischen Hauptstadt: Müsch - Prüm - Paris.

Muschelbank – Ähnlich wie bei einer Robbenbank handelt es sich bei einer Muschelbank nicht um ein Geldinstitut in Meeresanrainerländern.

Museen – Haben, wie die Frisöre, montags geschlossen, was dazu führt, dass Museumspersonal keine oder zumindest gewöhnungsbedürftige Frisuren hat.

Muttertag – Amerikanische Erfindung zur Ankurbelung des Umsatzes im Einzelhandel. Während eine Eifeler Mutter noch bis in die 1970er Jahre einen bemalten Kochlöffel oder einen sonstigen selbstgebastelten Staubfänger als Aufmerksamkeit akzeptierte, ist heute unter einem Riesenblumenstrauß und/oder Unterhaltungselektronik nichts mehr auszurichten.

NAPOLI
a Coloni

Nachbarn – In der Eifel mitunter vergleichbar mit der Stasi zu besten DDR-Zeiten.

Nachkriegszeit – Zeit von 1945 bis heute. Irgendein Krieg war doch immer: Korea, Indochina, Vietnam, Afghanistan usw.

Nationalpark – Glorreiche Erfindung sinnreicher Beamtenhirne zur touristischen Wertschöpfung. Waldparzellen, die man ohnehin nicht gefahrlos betreten kann, werden durch Nichtbewirtschaftung in Urwald umgewandelt, den man dann ignoranten Städtern vorführt.

Die Auswilderung von Einheimischen ist – vorerst – nicht geplant.

Navis – Haben sich in der Eifel noch nicht so recht durchgesetzt, weil sich der männliche Eifeler Autofahrer grundsätzlich nicht von einer Frau vorschreiben lässt, wie er zu fahren hat.

Neapel – Als Zentrum des Klüngels ist Neapel das Köln Italiens. Weil beide Städte sich so ähnlich sind, verbrennen die Kölner seit 2008 den Müll der Neapolitaner.

Nepomuk, Hl. Johannes von – Erlitt ein Schicksal, welches später in US-amerikanischen Mafiakreisen viele Nachahmer finden sollte: Man stürzte ihn 1393 von der Prager Karls-Brücke in die Moldau. Solchermaßen vom Leben zum Tode und gleichzeitig in den Stand eines Heiligen befördert, ist er seither der Schutzpatron der Brücken, nicht jedoch der Zahntechniker.

Netzstrümpfe – Trägt man kaum noch bei sportlicher Aktivität. – Ausnahme: Magnetangeln.

Neugier, krankhafte – Die Gabe, mit der der Eifeler allen Neubürgern der Eifel begegnet. (Vgl. »Wem bess due dann?«)

Neuss – Stadt am Niederrhein, bekannt durch Galopp-Rennbahn, Hafen und das größte Schützenfest Nordrhein-Westfalens. Weltweit bekannt wurde die Stadt, als Neil Diamond ihr mit *What a Beautiful Neuss* ein musikalisches Denkmal setzte.

Nichtraucher – Sterben gesünder als Raucher.

Niederdollendorf – Nicht etwa die Metropole der Eifeler Antikarnevalisten.

Niederländer – Angehöriger einer Spezies, die ihr Häuschen immer mit sich führt; vergleichbar den Schnecken. Bewegt sich recht langsam über Eifeler Straßen; vergleichbar ...

Niederländer – Sieht der Eifeler lieber im Fernsehen als auf Autobahn oder Landstraße (vgl. »Drachenfels«).

Nikolausabend – 5. Dezember. Der Vorabend des Nikolausfestes ist der einzige Tag des Jahres, an dem sich Eifeler gerne etwas in die Schuhe schieben lassen.

Nöthen – Einziges biblisches Dorf der Eifel. Ort des ersten Telefons. »So ihr in Nöthen seyd, rufet mich an!«

Nürburgring (Nordschleife) – Schönste Automobilrennstrecke der Welt. Zu schwierig für Österreicher.

O
-Be YOUNG-
SPORTING

Öffentliche Verkehrsmittel – Fahren in der Eifel immer zu Zeiten, an denen man sie nicht braucht, und über Orte, die man nie freiwillig besuchen würde.

Oktoberfest – Seit den 1990er Jahren auf dem Weg, fester Bestandteil der Eifeler Brauchtumspflege zu werden. Tiefenpsychologisch ein Ausdruck, wie sehr sich der Eifeler nach einer dem Bayern eigenen landsmannschaftlichen Identität sehnt.

Oma – Eine Frau, die ihren Enkeln all das erlaubt, was sie ihren Kindern stets verboten hat. Kurioserweise ist die gute Oma manchmal identisch mit der bösen Schwiegermutter (vgl. »Finchen«).

Oma – Früher eine in einen Kittel gewandete Frau, die kochen, backen, nähen und stopfen konnte und die Familie mit selbstgemachten Gelees, Marmeladen und Likören versorgte. Heute eine hippe Rentnerin, die ihre Zeit in Fitness- und Sonnenstudios verbringt und sich mit Cremes und Facelifting für den Après-Ski oder die Mallorcaparty in Form bringt.

Ongerschleef – Anderes Wort für »Fisternöll«. Hatte als »Bratkartoffel-Verhältnis« fast sogar sittlichen Nährwert.

Orthopädie – Ein Knochenjob.

Ostereier – Knirschen unter der Schuhsohle, wenn man sie unverhofft findet.

Output – Ergebnis, wenn man Input minus Kaputt rechnet.

Övver andere Löck – Wörtl.: Über andere Leute. Eine der vier Sprachen, die der Eifeler spricht (vgl. »Platt«).

Paradox – Die Lebensumstände des Eifelers. Auch in einem Mittelgebirge kann man ärmlich leben, wie z. B. das 19. Jahrhundert zeigt. Umgekehrt gibt es heutzutage Reiter, die ein zügelloses Leben führen usw.

Paris – Hauptstadt von Frankreich. Erreicht man, indem man über Müsch und Prüm anreist. Ist von der Eifel aus gesehen eben recht abgelegen.

Parkhotel Euskirchen – Top-Hotel im Kreis Euskirchen. Seinen Namen verdankt es vermutlich seiner bevorzugten Lage nahe den Park-and-Ride-Plätzen des Euskirchener Bahnhofs. Spötter behaupten allerdings, man habe vom Parkhotel auch einen sensationellen Blick auf ein nahe gelegenes Parkhaus.

Parteifreund – Jemand, den man hasst, weil man angeblich seine politischen Ansichten teilt. Wird wie folgt gesteigert: Feind – Todfeind – Parteifreund.

Pastor – Eine Art Zwischenhändler. Dealt das Wort Gottes, das sonst kostenlos wäre.

Petrus von Mailand – Schutzpatron der Kölner Bierbrauer. Erlitt das Martyrium, indem man ihm ein Schwert in den Kopf hieb. Aus diesem Grund haben Kölschtrinker bis heute anderntags Kopfschmerzen.

Pferd – War früher so kostbar, dass man es sich auf Eifeler Bauernhöfen kaum leisten konnte. Falsch ist die Auffassung, es handele sich bei dem Wort um die Zusammenziehung aus Pfortbewegungsmittel und erdgebunden. Könnte es fliegen, hieße das Tier demnach Pfluft.

Pilot, abgestürzter – Eine ziemlich heruntergekommene Persönlichkeit.

Pilotprojekt – Ambitionierter Name für ein Unterfangen, dessen Absturz programmiert ist.

Pimok – Beutedeutscher. Arbeitsam und ewiggestrig; in der Eifel meist nur am Wochenende anzutreffen.

Platonisch – In der Liebe: Wenn man nichts dafür nimmt.

Platt – Wörtl.: Mundart. Eine der vier Sprachen, die der Eifeler spricht (vgl. »Dörech de Nas«).

Apropos: Dörech de Nas ließ man sich während des Dritten Reiches die Zähne ziehen, weil man sich nicht mehr traute, das Maul aufzumachen.

Platzhirsch – Gehörnt, doch aufgeblasen.

Poker – Früher eine Möglichkeit, das Herz einer Frau zu gewinnen – oder besser gleich die ganze Frau (vgl. »Strippoker«).

Politiker – Laiendarsteller auf dem schmalen Grat zwischen Dilettantismus und notorischer Lügerei.

Polonaise – Möglichkeit, den Aufenthalt im Postamt zu einem kurzweiligen Vergnügen umzugestalten.

Pontifex Maximus – Lat. für »Oberster Brückenbauer«. Ab der römischen Kaiserzeit eines der Ämter der Cäsaren. Später Bezeichnung für den Papst. Könnte heute allerdings auch jeden versierten Zahntechniker meinen.

Pornokino – Eines der letzten Rückzugsgebiete, in denen man noch GEMA-freie Musik hören kann.

Porzellan-Syndrom – Der Zustand, nicht alle Tassen im Schrank zu haben.

Postamt – Je nach Länge der Warteschlange eine Vorstufe zur Hölle (vgl. »Schalter«).

Präfekt – Lateinisch für Vorgesetzter. Ein ehemaliger Vorgesetzter ist demnach ein Plusquampräfekt.

Prag – Böhmische Metropole und Hauptstadt der tschechischen Republik. Weil das Prager Strahov-Kloster von Prämonstratensern aus Steinfeld gegründet wurde, ein früherer Erzbischof aus der Eifeler Adelsfamilie von Salm stammte, das Archiv der Grafschaft Manderscheid-Blankenheim

Ende des 18. Jahrhunderts nach Prag kam usw., könnte man die Goldene Stadt glatt für eine Eifeler Dependance halten.

Preußisch-Sibirien – Abschätzige Bezeichnung für die Eifel, die im 19. Jahrhundert das Armenhaus des Landes Preußen war.

Im *Bilder Conversations-Lexicon* des Brockhaus-Verlags heißt es 1837:

»Eifel [die] ist ein ödes, unfruchtbares, an Kalk, Schiefer, Basalt, alter Lava reiches Gebirge in der preuß. Provinz Rheinland und bildet die Wasserscheide zwischen Mosel, Maas und Rhein, an dem es zwischen Andernach und Sinzig steil abfällt. Auf diesem Boden ehemaliger vulkanischer Thätigkeit zählt man 27 eingestürzte Krater, die jetzt zum Theil tiefe Gebirgsseen, Maare genannt, [...] und dünn bewaldete, sandige morastige Hochebenen bilden, theilweise mit Traß und Bimsstein bedeckt ...«

Prinzip Einbahnstraße – Umschreibung für das Unausweichliche im Leben. Motto: »Das lassen wir ruhig auf uns zukommen.«

Prinzip Gerstenkorn – Beliebtes Eifeler Grundprinzip: Man behält eine Sache so lange im Auge, bis sie sich nach Möglichkeit von selbst erledigt hat.

Problem – »Es gibt kein Problem, das sich nicht mit einem guten Jagdgewehr lösen lässt.« (Eifeler Grundweisheit)

Prostituierte – Bei einem Eifeler Katholiken beliebter als ein Protestant.

Prostitution – Form der Nächstenliebe, die gegen Entgelt praktiziert wird (vgl. »Fremdenverkehr«).

Prozession – Katholisches Volkswandern.

Prüfung, unvermutete – Zur falschen Zeit am falschen Ort zu sein.

Putzeimer – In der Eifel das größte bekannte – wenn auch inoffizielle – Trinkgefäß. Auf die häufig von Gästen formulierte Frage: »Kann ich bei Ihnen kein größeres Bier bekommen?« lautet die Standardantwort Eifeler Gastronomen: »Ich kann dir jän ene Putzemmer brenge.«

Pyromantiker – Ein Mensch, der angesichts von offenem Feuer romantische Empfindungen entwickelt. Harmloser jedenfalls als ein Pyromane.

HUMOR

Quadrath-Ichendorf – Ein Ort, der frauentechnisch bei Weitem nicht hält, was sein Name verspricht.

Quarantäne – Aus dem Italienischen abgeleitet für den Zeitraum von vierzig Tagen. Ungefähr der Zeitraum, den man benötigt, um einem Ortsunkundigen den spezifischen Eifeler Humor zu erklären.

»Quer dörech de Jaade.« – Wörtl.: »Quer durch den Garten« im Sinne von Querbeet. Steht unter anderem für einen Gemüseeintopf, bei dem alle verfügbaren Gemüse verwendet werden. Kann aber auch ein wüstes Durcheinander bezeichnen.

Quetschebüggel, Kurzwort: Quetsch – Akkordeon. Instrument, mit dem man früher alle eifeltypischen Feste untermalte, von Taufe über Hochzeit bis hin zu Kirmes usw. Nicht ganz so durchdringend wie der Dudelsack, der übrigens ursprünglich aus Persien kommt, aber ebenso demoralisierend in der Wirkung.

R

Radiogastronomie – Die Frittenbude am Radioteleskop Effelsberg, Spiegeldurchmesser 100 Meter (beim Radioteleskop, nicht bei der Frittenbude).

Rallye-Hase – Sammelbegriff für ein mit dem PKW erlegtes Wild, das in einem Eifeler Kochtopf landet.

»Ratsch em Kappes« – Wörtl.: Riss im Kohl. Redewendung, mit der man Personen belegt, die man nicht für ganz dicht hält.

Räuchermännchen – Veraltet. Heute würde man »Erzgebirgskiffer« sagen.

Rauchverbot – Eine Regierungsidee, die, wie alle Verbote, die Fantasie beflügelt, sie möglichst kreativ zu umgehen. Weil der Staat aber weiterhin die Einnahmen aus der Tabaksteuer braucht, wird der seiner staatstragenden Rolle bewusste Bürger fürderhin Zigaretten kaufen, die er dann umweltschonend häckselt.

Rau – In der Eifel: Land und Leute.

Rauke – Anspruchslose, in der Eifel wenig geschätzte Salat-Pflanze. Als Rucola mit einem Mal hip und in aller Munde.

Räumungsausverkauf – Ein langes Wort. Es bezeichnet die Möglichkeit, z. B. Teppiche, exotische Möbel oder sonstigen Kitsch aller Art an vorurteilsfreie und leichtgläubige Tagestouristen zu verklappen.

Apropos lang: Der zeitlich längste Räumungsausverkauf in der Eifel soll dem Vernehmen nach zwanzig Jahre gedauert haben.

Recycling – Wurde von sparsamen Eifeler Hausfrauen erfunden. Erste Slogans: »Das kann man noch brauchen!« Und: »Das ist noch gut, das kann man noch essen!«

Regen – Anderes Wort für Eifel-Wetter. Angeblich kennen die Eskimos 200 Wörter für Schnee. Verbürgt ist hingegen, dass die ansonsten eher wortkargen Eifeler mindestens 200 Synonyme für Regen kennen. Zweck der Übung ist das Ansinnen, das typische Eifel-Wetter möglichst abwechslungsreich zu beschreiben.

Regenschirm – Ein Requisit, an dem man bei gutem Wetter unschwer einen Stadtführer oder Reiseleiter erkennen kann.

Reichsjägermeister – Einer der zahlreichen Fantasietitel, die ein skrupelloser Morphinist namens Hermann Göring führte. Wie andere Zyniker auch betrachtete er die Eifel in erster Linie als Jagdrevier.

Reiterferien – Gibt es mittlerweile auch in der Eifel. Wirtschaftlich wird dieses Angebot aber erst dann etwas abwerfen, sobald die Pferde ihre Reiter nicht mehr abwerfen.

Rentiere – Werden jetzt auch in der Eifel gezüchtet, weil man glaubt, es rentiere sich.

Rentner – Senioren, die in ihrem neuen Dasein viel weniger Zeit haben als während des Berufslebens. Grüßen sich daher in der Regel mit »Ich habe auch keine Zeit! Und du?« (Vgl. »Stammtisch«).

Rheinbach – Voreifelstädtchen, dessen berühmtester Bürger Hermann Löher in Münstereifel geboren wurde und aus Rheinbach flüchten musste, um sein Leben zu retten. Berühmtester Einwohner war der Kanzleramtsspion Günter Guillaume. Zum kulturellen Leben steuerte Rheinbach als einzigen fragwürdigen Beitrag eine vehemente Hexenverfolgung im frühen 17. Jahrhundert bei.

Ribbel, diminutiv: Ribbelcher – Bezeichnung für die erste Liebe eines Eifelers: sein Mofa. Wie alle ewigen Lieben hat sie eine begrenzte Halbwertszeit. Sie endet, sobald der juvenile Eifeler den Autoführerschein erwirbt (vgl. »Lappen«).

Robinson-Syndrom – Warten auf Freitag; ein Syndrom, das montags am stärksten ausgeprägt ist.

Rodert – Eines von vielen Eifeldörfern, die im 19. Jahrhundert niederbrannten. Damals für die Betroffenen eine Katastrophe, aus heutiger Sicht eine Maßnahme zur Dorfverschönerung.

Rücktritt – Kennen die Eifeler eventuell vom Fahrrad, keineswegs aber von ihren Politikern.

Ruhrgebiet – Freundliche Umschreibung für »Scheißgegend«.

Heinz
SCHMITZ
SCHMI
SEITEN-
SPRUNG

Sachverstand – Etwas, wovon die Entscheidungen in Verwaltungen und politischen Gremien in der Eifel häufig ungetrübt sind.

Samurai – Angehöriger der japanischen Ritterkaste. Fiel er nicht im Kampf, verübte er häufig hinterher Sepucco, den rituellen Selbstmord. Alles in allem war Samurai im alten Japan ein nahezu todsicherer Job.

Sandkastenliebe – Eine Beziehung, die früh beginnt und lange hält, in der es häufig später jedoch zunehmend knirscht.

Sauerland – Eine Landschaft, in der Karnevalssitzungen weniger lebhaft sind als Beerdigungen in der Eifel.

Schaffner – Ein Zeitgenosse, der sein Leben in vollen Zügen auslebt.

Schalter – Wird in Eifeler Postämtern immer dann geschlossen, wenn der Andrang am größten ist, damit sich vor dem letzten geöffneten Schalter eine Schlange bilden kann, die reif für das Guinness-Buch der Rekorde ist. Der Eifeler an sich hat eben Sinn für jegliche Form von Sportsgeist.

Schamane – Angehöriger einer Berufsgruppe, die ein Hirschgeweih als Arbeitskleidung steuerlich absetzen kann.

Scheidung – Vorzeitige Begnadigung zweier Lebenslänglicher.

Schiedsrichter – Ein Mensch, der z. B. auf Fußball pfeift.

Schlägerei – Früher die traditionelle kulturelle Einlage einer typischen Eifeler Kirmes.

Schlangestehen – Englischer Nationalsport. Ein Vormittag in einem Eifeler Postamt ist demnach das optimale Vorbereitungstraining für einen Englandbesuch.

Schmuggel – Eifeler Sportart. Pflegte man mit der gesamten Familie. Wird von traditionsbewussten Eifelern auch heute noch gerne ausgeübt, indem man im nahe gelegenen Belgien oder Luxemburg Kaffee, Zigaretten und Schnaps in astronomischen Größen erwirbt. War leider nie olympisch.

Schuld – Eifelort am Oberlauf der Ahr. Halbwegs bekannt durch das Amateur-Radrennen Köln - Schuld - Frechen. Ausgangspunkt des typischen Eifeler Wochenendtrips »Schold - Pröm - un öm« (Schuld - Prüm - und zurück).

Schumacher, Harald Anton – Geboren in Düren, einem Ort, der für seine Papierproduktion und seine Psychiatrie bekannt ist. Langjähriger, mitunter übermotivierter Torhüter des 1. FC Köln und der deutschen Fußball-Nationalmannschaft. Der Kicker knickte seine internationale Karriere, indem er in seinem Buch *Anpfiff* Enthüllungen über Doping im Fußball publik machte. Er übersah dabei, dass Doping im Fußball gar nichts bringt – um effektiv zu sein, muss das Zeug in die Spieler!

Schunkeln – Musikalisch unterlegtes, rhythmisches, kollektives Sich-hin-und-her-Bewegen. Natürliches Vorkommen: Karnevalsveranstaltungen, Schützenfeste, Seniorennachmittage usw. Wo Alkohol und/oder Gemüt die Oberhand über den Verstand gewinnen, setzt Schunkeln ein (vgl. »Schwanken«).

Schützen – Grün, katholisch, trinkfest. Halten sie zudem noch Ponys und hören auf den Namen Paddy, sind es allerdings keine Schützen, sondern Iren.

Schützenfest – Besäufnis mit Festzug und Nationalhymne.

Schützenfestzüge – Gehören wie Karnevalsumzüge zur Eifeler Brauchtumspflege, d. h. es wird hinterher gesoffen. Im Gegensatz zu den Karnevalsumzügen kommen die Schützen allerdings ohne Wurfmaterial aus.

Schützenkönige – Neben den Königen im Kartenspiel die letzten Monarchen der Eifel – Hahnenkönige nicht mitgezählt.

Schützenvereine – Waren früher keine Seltenheit. Motto: »Lernen Sie schießen und treffen Sie viele neue Freunde.«

Schwanken – Fortsetzen des Schunkelns mit anderen Mitteln, häufig infolge von Alkoholkonsum; andere Definition: Solo-Schunkeln (vgl. »Schunkeln«).

Schwarzer Humor – Paradoxerweise in einem katholischen Landstrich wie der Eifel, in dem seit Urgroßvaters Zeiten immer CDU gewählt wird, nicht sehr gefragt.

Schwule – Pflanzen sich zwar nicht fort, werden aber dennoch immer zahlreicher; eine Folge der globalen Erwärmung. Davon abgesehen bringen Schwule Farbe in den Alltag. Ohne Schwule wäre Köln nur grau und könnte sofort dichtgemacht werden.

Sebbe Schrööm – Eigentlich unübersetzbar. Am ehesten mit »Sieben Striche« ins Hochdeutsche zu übertragen. Eifeler Kartenspiel, bei dem die Zehn die höchste Karte ist. Es gewinnt der Spieler, der den letzten Stich macht. Parallelen zum Poker ergeben sich durch die Möglichkeiten zu bluffen. Dennoch ist die Bezeichnung als Eifel-Poker zwar griffig, aber unpassend. Denn eigentlich ist Sebbe Schrööm unübersetzbar.

Seitensprung – Sportart, bei der man im Gegensatz zu Weit- und Hochsprung am liebsten auf Zuschauer verzichtet.

Seniorenunion – Führt den Beweis: Altersstarrsinn ist mehrheitsfähig.

Seuchen – Gehören zu den wenigen Dingen, deren Alleinübertragungsrechte nicht bei Leo Kirch liegen beziehungsweise lagen.

Siebenschläfer – 27. Juni. Höchster Feiertag der Beamten.

Sinn des Lebens – Biologisch: Fressen, Saufen, Ficken.

»Solange ich denken kann.« – Redewendung, die der relativen Chronologie zuzurechnen ist. In der Regel ist der Zeitraum, den der Sprecher ausdrücken will, wesentlich kürzer, als er selber glaubt.

Sonntagsfahrer – Siehe »Städter«.

Sozialdemokrat – In der Eifel Synonym für Antichrist.

Sozialhilfe – Siehe »Stütze«.

Sparen – Beliebter Modesport in politischen Gremien und in Verwaltungen. Ist in der Umsetzung wesentlich kostspieliger, als der Name vermuten lässt.

Spediteur – Ein Mensch mit vielen Lastern, auf die er zumeist auch noch stolz ist.

Spinnen – Früher eine anstrengende Arbeit, um mühselig den Lebensunterhalt für sich und die eigene Familie zu bestreiten. Auch heute noch spinnt mancher Eifeler, bekommt aber in der Regel kein Geld dafür.

Spinnen – Sind in der Eifel weit stärker verbreitet als zweibeinige Eifeler und lösen bei Frauen noch stärkere Panikattacken aus als jene (vgl. »Wäschespinnen«).

Spinner – Jemand, der in einer uns wichtigen Sache eine unkonventionelle Meinung vertritt.

Spontifikalamt – Gottesdienst aus dem Stegreif.

Sportlehrer – Ein Mann von strengen Unterrichtsmethoden und ebensolchem Geruch.

Städter – Verkehrshindernisse auf Eifel-Straßen, besonders an den Wochenenden.

Stadtführungen – Sollte man in der Eifel nur bei gutem Wetter buchen, weil die meisten Stadtführer gerne das Blaue vom Himmel erzählen.

Stammtisch – Natürliches Habitat, in dem vor allem Rentner prächtig gedeihen. Idealer Nährboden für die Aufzucht und Pflege notorischer Nörgler.

Starrsinn – Verwechselt man in der Eifel gerne mit Beharrlichkeit. Kardinaltugend der Eifelsenioren.

Steinreich – Ist in der Eifel vor allem das Erdreich. Die Ausweisung von Bauland kann allerdings auch den Besitzer von Erdreich steinreich machen.

Stephinsky – Magenbitter und Münstereifeler Nationalgetränk. 27 Zutaten bei 43 Umdrehungen. Erfinder war der gleichnamiger Apotheker, der – wie der Name schon vermuten lässt – in Koblenz geboren wurde. Werbeslogan: »Willst im Alter du dich als Jüngling regen, musst du den Magen mit Stephinsky pflegen.« Der hochprozentige Kräutermix scheint konservierende Wirkung zu haben, denn sein Erfinder wurde 94 Jahre alt, womit er ein hervorragender Werbeträger für sein Produkt war.

Strip-Poker – Spielt der Eifeler gerne im Internet. Sitzt er nackt vor dem Computer, ist er deutlich auf der Verliererstraße.

Stroh – Dreschabfall, der sich außer als Stallstreu noch zur Herstellung von Sternen, Witwen, Witwern und sogar Rum eignet.

Stütze – Barmittel. Setzt man nicht nur in der Eifel zur Brauchtumspflege ein (vgl. »Karneval« und »Kirmes«).

Stützstrumpfgeschwader – Veteranenverband eines Krampfadergeschwaders. Sind u.a. im »Heino Rathaus-Café« (vgl. ebd.) fast täglich anzutreffen.

Subversiv – Aus lat. bzw. nlat. für umstürzlerisch/zerstörend. Also die Grundeinstellung, mit der man jeglicher Form von Autorität begegnen sollte.

Swingerclubs – Moderne Erscheinung, die sich jetzt auch in der Eifel durchsetzt. Es hat sich jedoch noch nicht überall herumgesprochen, dass man hier nicht das Tanzbein swingt. Die Auffassung, bereits in der Frankenzeit habe es vergleichbares bei den Meroswingern gegeben, basiert aber eher auf einem lexikalischen Irrtum.

Synagoggomobil – Kleinstes mobiles Gotteshaus.

T

Tagebuch – Nicht zwingend eine reine Frauenangelegenheit.

Tagesanbruch – Günstige Zeit, von einer Festivität nach Hause aufzubrechen.

Typischer Dialog: »Ist es spät geworden?« – »Nein, ich bin noch im Hellen nach Hause gekommen.«

Talent – Von der DB u. a. auf der Eifelstrecke eingesetzter Zug. Des ungeachtet ist die DB vor allem in ihrer Führungsetage aber eher talentfrei.

Tambourcorps – Bevorzugt Matrosenanzüge tragende Personengruppen, die dem unfreiwilligen Zuhörer den von ihnen produzierten Lärm als Musik weismachen.

Tarzan-Syndrom – Der missliche Umstand, besser zu sein als der eigene Ruf.

Taufe – Anlass, sich maßlos zu betrinken (vgl. »Hochzeit«).

Teigwaren – Heißen in der Eifel Teigwaren, weil sie früher einmal Teig waren.

Theater – Eine der echten Leidenschaften des Eifelers. Mit Vorliebe veranstalten Motor- und andere Sportler in der Vorweihnachtszeit ihren traditionellen Theaterabend. Da Schauspieler und Publikum sich von Kindesbeinen an kennen, sind grandiose Lacherfolge auch bei Stücken wie *Maria Stuart* oder *Antigone* garantiert.

Tiere – Mag der Eifeler sehr – jedoch lieber gebraten als gekocht.

Totengräber – Ein Zeitgenosse, der andern eine Grube gräbt.

Trabrennbahn – Gibt es in der Eifel noch nicht. Dennoch sollen dem Vernehmen nach an einschlägigen Orten Pferdchen am Start sein.

Tradition – Alte Gewohnheit, auf der der Eifeler starrsinnig beharrt, selbst wenn er den Grund dafür nicht benennen kann oder sich die Ursache längst selbst ad absurdum geführt hat.

Traktor – Früher ein Grund, eine Frau zu ehelichen oder eine andere zu wählen (vgl. »Heiratsanzeige«).

Transsexuelle – Hält der Eifeler für die Einwohner von Transsylvanien.

Trennkost – Wird jetzt auch in der Eifel zunehmend populär.

Typischer Dialog in einer Eifeler Imbissbude: »Einmal Currywurst mit Fritten.« – »Mayo auf die Fritten?« – »Ohne Mayo. Ich mach' heut Trennkost.«

Am einfachsten trennt man aber nach Nationalküchen: Wer mittags beim Italiener war, darf abends nicht zum Chinesen.

Tunnel – Beendete aus Sicht der Briten die Isolation des Kontinents.

Tupperware – Wurde erfunden, damit Eifeler Hausfrauen nach Familienfeten die Reste des Buffets für den nächsten Tag retten können. Die beliebten Tupperpartys werden allerdings mehr und mehr von Dessous-Partys zurückgedrängt.

Türken – Scheitern räumlich wie zeitlich immer vor Wien: 1529, 1683 und zuletzt 2008.

HUNGO
U3
TAGE

Ü-30-Feten – Werden an Orten veranstaltet, an denen sonst Antik- und Trödelmärkte stattfinden. Im Gegensatz zu diesen ist bei den Ü-30-Feten allerdings das Warenangebot mobiler.

Uhren – Gehen in der Eifel immer anders.

Ungar – Ein roher Osteuropäer.

»Unser Dorf soll schöner werden« – Jährlicher Wettbewerb zur Steigerung des Umsatzes von Gärtnereien und holzverarbeitender Industrie. Wäre man konsequent, würde man bei der Gelegenheit zwecks Dorfverschönerung einige Holzköpfe dauerhaft nach Köln ausweisen.

Uxormaterumque – Ist lateinisch und klingt akademischer als »Ehefrau und Mutter«, was dem althergebrachten Frauenbild des Eifeler Mannes entspricht.

Valentinstag – 14. Februar. Ein Festtag der Liebenden und der Floristen, die an diesem Tag die größten Umsätze des Geschäftsjahrs verzeichnen.

Venenum Luteum – Wörtl.: Blondes Gift. Vermutlich das einzige Toxin, gegen das es kein wirksames Gegengift gibt.

Verdächtiger – Jemand, der ein Motiv, aber kein Alibi hat. Hat jemand gleich mehrere Motive, so kann es sich allerdings auch um einen Fotografen handeln.

Verkehrsberuhigte Zone – Eifeler Schlafzimmer nach mehr als zwanzig Ehejahren.

Verkehrsschilder – Finden in der Eifel selten Beachtung. Eifeler vertrauen am Steuer lieber auf ihre Intuition.

Verkehrswirt – Klingt akademischer als »Zuhälter«.

Verlobung – Anderes Wort für Eheversprechen, mit Betonung auf »versprechen« im Sinne von »man wird sich ja wohl noch mal versprechen dürfen«.

Verlust – Etwas, womit man immer rechnen muss. Eifeler Faustregel: »Zehn Prozent Verlust sind normal, den Rest ersetzt die Versicherung«.

Verschwiegen – Ein toter Journalist.

Vertreter – Angehöriger einer Spezies, die fast alles verkauft beziehungsweise vertritt, ausgenommen ethische Grundsätze.

Verwaltungsgebäude – Vornehmer Ausdruck für Irrenhaus.

Viehmärkte – Waren in der Eifel früher sehr populär. Besonders Enkel besuchten sie gerne mit ihren Großvätern – bis sie begriffen, dass diese sie nur mitnahmen, um durch einen etwaigen Verkauf die magere Rente aufzubessern.

Vogelsang – Ehemalige »Ordensburg« in der Eifel. Liegt heut im Nationalpark. An der Entscheidung über die endgültige Nutzung dilettierten bereits zwei Landesregierungen. Es dürfen also noch Wetten abgeschlossen werden.

Volkskundler – Ein Wissenschaftler, der im Gegensatz zum Historiker keine schwierig zu entziffernden Schriftquellen benutzt, weshalb er bei schriftlichen und besonders mündlichen Befragungen dem zu untersuchenden Objekt hilflos ausgeliefert ist.

Volljurist – Übles Schimpfwort und schwere Beleidigung.

Vorbeugen – Ist besser, als auf die Schuhe zu kotzen.

Vorspiel – Dauert im Fußball in der Regel neunzig Minuten.

Vulkane – Formten die Basaltkuppen und die Maare der Vulkaneifel. Jüngstes Zeugnis des Eifeler Vulkanismus ist das Ulmener Maar, das ungefähr 10.000 Jahre alt ist.

Vulkanähnliche Ausbrüche lassen sich ansonsten in der Eifel überall dort beobachten, wo Übungsleiter Mannschaften betreuen.

Waldfest – Eifeler Variante, Alkohol jenseits des Verfallsdatums und verkohltes Grillgut an naive Städter zu verklappen und sie damit latent zu vergiften. Nebenbei Gelegenheit, sich maßlos zu betrinken.

Walken – Zu Zeiten, als die Eifel noch eine Tuchmacherregion war, verstand man hierunter die Bearbeitung der Tuche, indem unter fließendem Wasser mit großen, über ein Wasserrad angetriebene Hämmern auf den Stoff eingeschlagen wurde.

Heute steht der Anglizismus für ein angeblich gesundheitsförderndes, schnelles Gehen, dem man mittels Langlaufstöcken zudem einen skandinavischen Hauch verleihen kann. Wirklich förderlich war letzterer Trend jedoch vor allem dem Umsatz in Sportartikelgeschäften.

Hingegen sollte man Leute, die im Alltag Anglizismen im Übermaß verwenden, auf die traditionelle Weise walken.

Wallfahrt – Beliebte Möglichkeit, einmal in der schützenden Herde dem Heimatort zu entkommen, eine Frau kennenzulernen, ein Kind zu zeugen, sich zu betrinken oder sogar zu beten. Die Reihung der Tätigkeiten ist hierbei beliebig, außerdem sind sie frei kombinierbar.

Wanderer – Jemand, der sich in den Eifelwäldern verläuft, möglichst unter Zuhilfenahme von Wanderkarten.

Wanderkarte – Möglichst großes, möglichst buntes Stück Papier, das sich nach dem Ausfalten nur schwer wieder zusammenfalten lässt. Erinnert entfernt an einen Schnittmusterbogen.

Wanderniere – Siehe »Wanderparkplatz«.

Wanderparkplatz – Wechselnder, schwierig wiederzufindender Ort zum Abstellen von PKWs (vgl. »Wanderniere«).

Wanderweg – Beschilderter Weg ins Niemandsland.

Waschbären – Gastarbeiter, die dank des Reichsjägermeisters Göring als jagdbares Wild in der Eifel heimisch wurden. Bevorzugt im Kylltal anzutreffen, wo sie sich in Ermangelung natürlicher Fressfeinde epidemisch ausbreiten.

Waschbärbauch – Rund und behaart. Sollte er sich gegen den Waschbrettbauch durchsetzen, wären manche Eifeler Männer die Schönheitsideale des 3. Jahrtausends – der Autor eingeschlossen.

Wäschespinne – Einzige domestizierte Spinnenart in der Eifel. Löst bei manchen Frauen aber immer noch Ekel und Widerwillen aus.

»Was muss denn weg?« – Frage, mit der man sich in Eifeler Restaurants auf Anhieb neue Freunde erwirbt. Top-Antwort ist übrigens: »Die Köchin.«

Wasser – Die Asche des Schnees von gestern.

Wasseruhr – Gehört mit der Gasuhr zu den Uhren, die sich am Ende der Sommerzeit am schwierigsten zurückdrehen lassen.

Watt-Wandern – Kann man auch in der Eifel: Erst wandert man watt und einer erzählt watt, dann geht man watt trinken.

Weihnachten – Im Eifeler Jahreskreis das Familienfest mit den meisten Kollateralschäden.

Weihnachtsfeier – Neben dem Betriebsausflug der zweite jährliche Höhepunkt im Berufsleben des Eifelers. Zwecks symbolischer Überhöhung des Tages schenkt man sich beim Wichteln unnützes Zeug, damit der Beschenkte die Feier so schnell nicht wieder vergisst.

Weihnachtsmärkte – Saisonbedingte Erscheinung. Dient der Grundversorgung Kaufwilliger mit typischen Eifeler Produkten wie Didgeridoos, Räucherstäbchen, Buddhafiguren, afrikanischen Trommeln und wirklich exotischen Produkten wie etwa Backfisch.

Weihnachtsplätzchen – Jahreszeitliches Spritzgebäck mit der Eigenschaft, kurz vor Weihnachten zur Neige zu gehen. Spekulationen, denen zufolge in Eifeler Keksdosen Kannibalismus herrsche, könnten der treffende Ansatz zur Erklärung des Phänomens sein.

Weinkönigin – Eine ziemlich aufgelöste Monarchin; natürliches Verbreitungsgebiet ist u. a. das Ahrtal.

Weintrauben – Das mit Abstand traurigste Obst, das der Eifeler kennt. Zum Trost und zu Zwecken der Autosuggestion wiederholt er gebetsmühlenartig: »Sauer macht lustig! Sauer macht lustig! Sauer ...!«

»Weißt du schon, wer gestorben ist?« – Traditionelle Begrüßung unter Eifelern.

Weltenbummler – Ein Eifeler, der mindestens drei Mal sein Heimatdorf verlassen hat und weiter als Köln gereist ist.

»Wem bess due dann?« – Wörtl.: »Wem gehörst du denn?« Traditionelle Begrüßung eines Eifeler Neubürgers durch einen Alteingesessenen. Der Eifeler mag einfach kein herrenloses Volk.

Wenn Schwiegermutter kommt – Die Eifeler Variante von *Der Besuch der alten Dame* – nicht ganz so aufwändig in der Inszenierung, dafür aber nicht minder blutig.

Werte, innere – Das, worauf es wirklich ankommt. Bei der Partnerwahl also Bausparverträge, Immobilienbesitz, Aktiendepots, Bauland etc.

Westfalen – Angehörige eines Volksstammes, der sich 1180 von den Sachsen abspaltete. Berühmt für Sturheit, Schnaps und Schinken, machen die Westfalen neuerdings auch durch ausgelassenes karnevalistisches Feiern auf sich aufmerksam. Auf den Stimmungskracher *Westfalenland, Westfalenland ist wieder außer Rand und Band* können sogar langjährige Postbeamte schunkeln.

Wetter – Siehe »Regen«.

Wetter – Egal, die Eifel ist bei jedem Wetter schön – und außerdem gibt es kein schlechtes Wetter, sondern nur falsche Kleidung. Basta.

Wildparks – Sind seit Generationen touristische Anziehungspunkte in der Eifel. Die Habitate der wildesten Eifeler Lebewesen aber – Kindergärten und Schulen – werden noch nicht touristisch vermarktet.

Wildschadenersatz – Seit dem Wegfall des Manöverschadenersatzes die beliebteste Nebenerwerbsquelle Eifeler Landwirte.

Wilhelm Zwo – Vorläufig letzter deutscher Kaiser – Franz Beckenbauer nicht mitgerechnet. Betrachtete die Eifel als Jagdrevier, das leider von Menschen bewohnt war.

Willerscheid – Von den kleinen Eifeldörfern mittlerweile eines der größeren. Dort gibt es nur eine Straße, die an beiden Ortsausgängen vom Dorf wegführt.

Windsors Lisbeth – Hieße Königin Elisabeth II. in der Eifel. Ihr Prinzgemahl wäre dann »däm Windsors Lisbeth senge Philipp.«

Winter – Dem Sommer diametral entgegengesetzte Jahreszeit. Leicht zu erkennen, weil dann der Regen kälter wird.

»Wir hatten ja nichts!« – Eifeler Standardspruch, der in jedem Gespräch über frühere Zeiten fällt. Wird gerne benutzt mit dem Zusatz »Es war kurz nach dem Krieg!« (vgl. »Nachkriegszeit«).

Witwe – Eine Frau, die immer genau weiß, wo ihr Mann ist.

Wortinkontinente – Eine Frau, deren Mundwerk nie still steht.

IKS

Xanthippe – Historisch die Ehefrau des Sokrates; allgemein die typische eheliche Partnerin des Eifelers.

Yacht – Ersatzspielzeug für großgewordene Jungs, die gerne ein Schiffchen mit in die Badewanne nahmen. Setzt der wasserbegeisterte Eifeler gerne auf seinen waschbottichgroßen Stauseen aus.

Ypsilon – In der Eifel der 25. Buchstabe des Alphabets.

Yucca-Palme – Wiewohl Yucca ein finnischer Vorname ist und Olof Palme ein schwedischer Ministerpräsident war, hat doch Yucca-Palme mit Skandinavien nicht das Geringste zu tun. Sie ist vielmehr unerlässliches Utensil für die Herausbildung von Großstadtmythen, die nichts anderes als moderne Märchen sind. Der abergläubische Eifeler jedenfalls meidet Yucca-Palmen aus Angst vor Vogelspinnen.

VON GESTERN
Z
ZÜLPICH

Zahnarzt – Angehöriger eines Berufsstandes, der von der Hand in den Mund lebt und seinen Mitmenschen gehörig auf den Nerv geht.

Zeitung – Das Neueste von gestern.

Ziege –
1. Nutztier. Nicht nur in der Eifel die Kuh des kleinen Mannes.
2. Fußballer. Spielte nie für den 1. FC Köln, obwohl er schon namenstechnisch wie kein zweiter zum Geißbockclub gepasst hätte.

Zugverbindungen – Ausdruck des gegen die Eifel und ihre Besucher gerichteten DB-Zynismus.

Zuckerrübe – Eigenartiges Knollengewächs, das im Herbst in der Voreifel in großer Zahl auf den Straßen anzutreffen ist.

Zülpich – Städtchen, dessen größte Zeit annähernd 2000 Jahre zurückliegt. Europäische Bedeutung erlangte der Ort im Jahr 496 durch die vermutlich in seiner Nähe ausgefochtene Chlodwig-Schlacht zwischen Franken und Alemannen. Da beide Germanenstämme damals noch nicht der UEFA angehörten, steht das Rückspiel bis heute aus.

Zweite Bundesliga – Zustand, wenn der 1. FC Köln statt samstags montags verliert.

Zyniker – Haben keinen schlechten Charakter. Weit gefährlicher als Zyniker sind Idealisten.

Zyniker – Unter Umständen ein gereifter Idealist.

Zynismus – Spielart des Eifeler Humors. Vergleichbar dem Saarkasmus der Saarländer.

Statt einer Zugabe

Heut bin ich mal verschwenderisch,
Der nächste Witz, der geht auf mich.
Sollt alle einmal herzhaft lachen,
Werd gerne für euch Witze machen.

Dürft gern mich mit Applaus bedenken,
Lass mir auch Naturalien schenken.
Ja, ich würd mich nicht mal schämen,
Für meine Witze Geld zu nehmen.

Wie wär's mit noch einem Gedicht?
Nein? – Na, gut, dann eben nicht.

KBV-EDITION EYFALIA

Manfred Lang
PLATT ÖSS PRIMA
Taschenbuch, 144 Seiten
ISBN 978-3-940077-47-9
9,20 EURO

In mundgerechten Happen wird das Platt der nördlichen Eifel lecker und bekömmlich serviert. Hier werden Alltagsbegriffe, Schimpfwörter, Namen und Umgangsformen kurzweilig und amüsant erklärt, man lernt die Eifeler Grammatik und nebenbei die Mentalität der Eifeler und die Eigenarten der Provinzbewohner kennen.

Egal, ob das Vokabular eher deutschstämmig daherkommt oder aus dem Französischen stammt: Manfred Lang erklärt es geistreich und witzig, so dass mit den Sprachkenntnissen auch die Bildung beständig zunimmt. Und am Ende ist auch der geneigte Leser wie der Autor Experte in Eifeler Sprache, Mentalität und Geschichte.

Der Fotograf Theo Broere hat die originellen Verzällche und Essays mit ausdrucksstarken Fotografien der Menschen aus der Region bereichert. So kommt zum Lesevergnügen die Anschauung echter Eifeler Typen. Ein Buch zum Lernen und Lachen, zum Gucken und Gackern.

KBV-EDITION EYFALIA

Annette Hartmann
Ralf Kramp
EIFELER HERD IST GOLDES WERT
Hardcover,
ISBN 978-3-940077-46-2
14,90 EURO

Panhas, Döppekooche, Steckrübensuppe … Gemeinsam haben Annette Hartmann und Ralf Kramp einen schmackhaften und spannenden Rundgang durch die traditionelle Eifeler Küche unternommen. Herausgekommen ist dabei ein Landschaftsporträt ganz eigener Art, das Appetit macht und darüber hinaus zum Nachkochen und Nachlesen einlädt.

Ralf Kramp liebt seine Heimat und die hier lebenden Menschen sehr. In seinen heiteren und besinnlichen Geschichten aus unterschiedlichen Epochen setzt er sich gemeinsam mit den Eifelern an den gedeckten Tisch und widmet sich ihren alten Gerichten und Küchentraditionen. Dabei charakterisiert er auf unterhaltsame Art und Weise den Eifeler Menschenschlag und erweckt mit seinen Anekdoten längst Vergangenes zu literarischem Leben.

Nebenan lädt Annette Hartmann in die Küche ein, wo sie sich genussvoll mit der Kulturgeschichte des Essens und Trinkens beschäftigt. Sie verrät alte Rezepturen und weiß vieles über moderne Herstellungsverfahren und in Vergessenheit geratende Lebensmittel zu berichten. In zahlreichen Gesprächen mit Menschen, die tief in der Region verwurzelt sind, hat sie Einblick in eine sich stark wandelnde Esstradition erhalten. Typische und charaktervolle Rezepte aus Großmutters Zeiten runden die unterhaltsame Sammlung ab.